Rostlinná kuchařka

Užijte si chutné rostlinné jídlo každý den

Petra Novotná

souhrn

Úvod 9

RÝŽE A OBILOVINY 16

Klasická česneková rýže 17

Hnědá rýže se zeleninou a tofu 19

Základní amarantová kaše 21

. kukuřičný chléb se špenátem 23

Rýžový nákyp s rybízem 25

Jáhlová kaše se sultánkami 27

Quinoa kaše se sušenými fíky 30

Rozinkový chlebový pudink 32

bulgurový salát 34

Žitná kaše s borůvkovou polevou 36

Kokosová čiroková kaše 38

Tatínkova aromatická rýže 40

Každý den slaná krupice 42

salát z řeckého ječmene 44

Snadná sladká kukuřičná kaše 46

Máminy jáhlové muffiny 48

Hnědá rýže se zázvorem 50

Sladké ovesné kroupy 52

Mísa freekeh se sušenými fíky 54

Kukuřičná kaše s javorovým sirupem 57

středomořská rýže 59

Bulgurové palačinky s twistem 61

Čokoládová žitná kaše 63

Autentické africké jídlo Mielie 65

Teffová kaše se sušenými fíky 67

dekadentní chlebový nákyp s meruňkami 70

Chipotle rýže s koriandrem 72

ovesná kaše s mandlemi 74

Aromatická miska na proso 76

Miska Harissa Bulgur 78

Kokosový quinoa pudink 81

Rizoto s cremini houbami 83

Barevné Rizoto Se Zeleninou 85

Amarantové zrno s vlašskými ořechy 87

Ječný pilaf s houbami 89

Sladké muffiny s kukuřičným chlebem 91

Aromatický rýžový nákyp se sušenými fíky 94

Quinoa guláš 96

Miska čiroku s mandlemi 98

Bulgurové muffiny s rozinkami 100

starý styl pilaf 102

Freekeh salát se Za'atarem 104

Zeleninová polévka s amarantem 106

Polenta s houbami a cizrnou 109

Teffový salát s avokádem a fazolemi 111

Přes noc oves s vlašskými ořechy 113

Tradiční indický Rajma Dal 115

Salát z červených fazolí 117

Anasazi fazole a zeleninový guláš 119

Snadná a vydatná Shakshuka 121

staromódní chilli 123

Jednoduchý salát z červené čočky 126

Cizrnový salát ze Středomoří 128

Tradiční toskánský fazolový guláš (Ribollita) 131

Směs čočky beluga a zeleniny 133

Mexické cizrnové taco mísy 135

Od indického Makhaniho 137

Miska na fazole v mexickém stylu 139

Klasická italská Minestrone 141

Guláš ze zelené čočky se zelím 143

Zahradní zeleninová směs z cizrny 145

Pikantní fazolový dip 147

Čínský sójový salát 149

Staromódní zeleninový a čočkový guláš 152

Indická Chana Masala 154

paštika z červených fazolí 156

Mísa hnědé čočky 158

Horká a pikantní fazolová polévka Anasazi 160

Caritas fazolový salát (Ñebbe) 162

Mamino slavné chilli 164

Cizrnový salát s piniovým krémem 166

Buddha Mísa černých Fazolí 168

Cizrna dušená na Středním východě 170

Čočka A Rajčatová Omáčka 172

Hrachový krémový salát 174

Za'atarský hummus z Blízkého východu 177

Čočkový salát s piniovými oříšky 179

Horký fazolový salát Anasazi 181

Tradiční guláš Mnazaleh 183

Pomazánka z červené čočky s pepřem 185

Kořeněný sněhový hrášek smažený ve woku 187

Rychlé chilli každý den 189

Černooký krémový hráškový salát...191

Avokádo plněné cizrnou...193

polévka z černých fazolí..195

Beluga čočkový salát s bylinkami..199

Italský fazolový salát...202

Rajčata plněná bílými fazolemi..204

Zimní černooká hrachová polévka..206

Masové kuličky z červených fazolí...208

Domácí hráškový burger...210

Černé fazole a špenátový guláš..212

Limetková kokosová omáčka...215

Domácí Guacamole...217

Úvod

Teprve v poslední době si stále více lidí začíná osvojovat životní styl rostlinné stravy. Co přesně k tomuto životnímu stylu přitáhlo desítky milionů lidí, je diskutabilní. Stále však přibývá důkazů, že dodržování primárně rostlinného životního stylu vede k lepší kontrole hmotnosti a celkovému zdraví bez mnoha chronických onemocnění. Jaké jsou zdravotní přínosy rostlinné stravy? Rostlinné stravování je zjevně jednou z nejzdravějších diet na světě. Zdravá veganská strava zahrnuje spoustu čerstvých produktů, celozrnných výrobků, luštěnin a zdravých tuků, jako jsou semínka a ořechy. Jsou bohaté na antioxidanty, minerály, vitamíny a vlákninu. L' Současné vědecké výzkumy prokázaly, že vyšší konzumace rostlinných potravin je spojena s nižším rizikem úmrtnosti na nemoci, jako jsou kardiovaskulární onemocnění, cukrovka 2. typu, hypertenze a obezita. Veganské stravovací plány často spoléhají na zdravé základní potraviny, vyhýbají se živočišným produktům naloženým antibiotiky, přísadami a hormony. Navíc konzumace vyššího procenta esenciálních aminokyselin se živočišnými bílkovinami může být škodlivá pro lidské zdraví. Vzhledem k tomu, že živočišné produkty obsahují 8krát více tuku než potraviny rostlinného původu, není žádným překvapením, že studie prokázaly, že konzumenti masa mají devětkrát vyšší míru obezity než vegani. Tím se dostáváme k dalšímu bodu, jedna z největších výhod veganské stravy: hubnutí. Zatímco mnoho lidí se rozhodlo žít vegansky z etických důvodů, samotná dieta vám může pomoci dosáhnout vašich cílů v oblasti hubnutí. Pokud se vám nedaří zhubnout, možná budete chtít zkusit rostlinnou stravu. jak přesně? Jako vegani omezíte vysokokalorická jídla, jako jsou plnotučné mléčné výrobky, mastné ryby, vepřové maso a další potraviny obsahující cholesterol, jako jsou vejce. Zkuste tyto potraviny nahradit alternativami s vysokým obsahem vlákniny a bílkovin, které vás déle zasytí. Klíčem je zaměřit se na přírodní, čisté a nutričně bohaté potraviny a vyhnout se prázdným kaloriím, jako je cukr, nasycené tuky a vysoce zpracované potraviny. Zde je několik triků, které mi léta pomohly udržet si váhu na veganské stravě. Zeleninu jím jako hlavní jídlo; Jím dobré tuky s mírou – dobrý tuk jako olivový olej není tloustnutí; Pravidelně trénuji a vařím doma. Na dobrý čas! Pokud se vám nedaří zhubnout, možná budete chtít zkusit rostlinnou stravu. jak přesně? Jako vegani omezíte vysokokalorická jídla, jako jsou plnotučné mléčné výrobky, mastné ryby, vepřové maso a další potraviny obsahující cholesterol, jako jsou vejce. Zkuste tyto potraviny nahradit alternativami s vysokým obsahem vlákniny a bílkovin, které vás déle zasytí. Klíčem je zaměřit se na přirozené, čisté, výživné potraviny a vyhnout se prázdným kaloriím, jako je cukr, nasycené tuky a vysoce zpracované potraviny. Zde je několik triků, které mi léta pomohly udržet si váhu na veganské stravě. Zeleninu jím jako hlavní jídlo; Jím dobré tuky s mírou – dobrý tuk jako olivový olej není tloustnutí; Pravidelně trénuji a vařím doma. Na dobrý čas! Pokud se vám nedaří zhubnout, možná budete chtít zkusit rostlinnou stravu. jak přesně? Jako vegani omezíte vysokokalorická jídla, jako jsou plnotučné mléčné výrobky, mastné ryby, vepřové maso a další potraviny obsahující cholesterol, jako jsou vejce. Zkuste tyto potraviny nahradit alternativami s vysokým obsahem vlákniny a bílkovin, které vás déle zasytí. Klíčem je zaměřit se na přirozené potraviny, čisté potraviny bohaté na živiny a vyhýbejte se prázdným kaloriím, jako je cukr, nasycené tuky a vysoce zpracované potraviny. Zde je několik triků, které mi léta pomohly udržet si váhu na veganské stravě. Zeleninu jím jako hlavní jídlo; Jím dobré tuky s mírou – dobrý tuk jako olivový olej není tloustnutí; Pravidelně trénuji a vařím doma. Na dobrý čas! jak přesně? Jako vegani omezíte vysokokalorická jídla, jako jsou plnotučné mléčné výrobky, mastné ryby, vepřové maso a další potraviny obsahující cholesterol, jako jsou vejce. Zkuste tyto potraviny nahradit alternativami s vysokým obsahem vlákniny a bílkovin, které vás déle zasytí. Klíčem je zaměřit se na přirozené potraviny, čisté potraviny bohaté na živiny a vyhýbejte se prázdným kaloriím, jako je cukr, nasycené tuky a vysoce zpracované potraviny. Zde je několik triků, které mi léta pomohly udržet si váhu na veganské stravě. Zeleninu jím jako hlavní jídlo; Dobré tuky konzumuji s mírou – dobrý tuk jako olivový olej není tloustnutí; Pravidelně trénuji a vařím doma. Na dobrý čas! jak přesně? Jako vegani omezíte vysokokalorická jídla, jako jsou plnotučné mléčné výrobky, mastné ryby, vepřové maso a další potraviny obsahující cholesterol, jako jsou vejce. Zkuste tyto potraviny nahradit alternativami s vysokým obsahem vlákniny a bílkovin, které vás déle zasytí. Klíčem je zaměřit se na přirozené potraviny, čisté potraviny bohaté na živiny a vyhýbejte se prázdným kaloriím, jako je cukr, nasycené tuky a vysoce zpracované potraviny. Zde je několik triků, které mi léta pomohly udržet si váhu na veganské stravě. Zeleninu jím jako hlavní jídlo; Jím dobré tuky s mírou – dobrý tuk jako olivový olej není tloustnutí; Pravidelně trénuji a vařím doma. Na dobrý čas! Zkuste tyto potraviny nahradit alternativami s vysokým obsahem vlákniny a bílkovin, které vás déle zasytí. Klíčem je zaměřit se na přírodní, čisté a nutričně bohaté potraviny a vyhnout se prázdným kaloriím, jako je cukr, nasycené tuky a vysoce zpracované potraviny. Zde je několik triků, které mi léta pomohly udržet si váhu na veganské stravě. Zeleninu jím jako hlavní jídlo; Jím dobré tuky s mírou – dobrý tuk jako olivový olej není tloustnutí; Pravidelně trénuji a vařím doma. Na dobrý čas! Zkuste tyto potraviny nahradit alternativami s vysokým obsahem vlákniny a bílkovin, které vás déle zasytí. Klíčem je zaměřit se na přírodní, čisté a nutričně bohaté potraviny a vyhnout se prázdným kaloriím, jako je cukr, nasycené tuky a vysoce zpracované potraviny. Zde je několik triků, které mi léta pomohly udržet si váhu na veganské stravě. Zeleninu jím jako hlavní jídlo; Jím dobré tuky s mírou – dobrý tuk jako olivový olej není tloustnutí; Pravidelně trénuji a vařím doma. Na dobrý čas! Jím dobré tuky s mírou – dobrý tuk jako olivový olej není tloustnutí; Pravidelně trénuji a vařím doma. Na dobrý čas! Jím dobré tuky s mírou – dobrý tuk jako olivový olej není tloustnutí; Pravidelně trénuji a vařím doma. Na dobrý čas! Jím dobré tuky s mírou – dobrý tuk jako olivový olej není tloustnutí; Pravidelně trénuji a vařím doma. Na dobrý čas! Jím dobré tuky s mírou – dobrý tuk jako olivový olej není tloustnutí; Pravidelně trénuji a vařím doma. Na dobrý čas! Jím dobré tuky s mírou – dobrý tuk jako olivový olej není tloustnutí; Pravidelně trénuji a vařím doma. Na dobrý čas! Jím dobré tuky s mírou – dobrý tuk jako olivový olej není tloustnutí; Pravidelně trénuji a vařím doma. Na dobrý čas! Jím dobré tuky s mírou – dobrý tuk jako olivový olej není tloustnutí; Pravidelně trénuji a vařím doma. Na dobrý čas! Jím dobré tuky s mírou – dobrý tuk jako olivový olej není tloustnutí; Pravidelně trénuji a vařím doma. Na dobrý čas! Jím dobré tuky s mírou – dobrý tuk jako olivový olej není tloustnutí; Pravidelně trénuji a vařím doma. Na dobrý čas! Jím dobré tuky s mírou – dobrý tuk jako olivový olej není tloustnutí; Pravidelně trénuji a vařím doma. Na dobrý čas! Jím dobré tuky s mírou – dobrý tuk jako olivový olej není tloustnutí; Pravidelně trénuji a vařím doma. Na dobrý čas! Jím dobré tuky s mírou – dobrý tuk jako olivový olej není tloustnutí; Pravidelně trénuji a vařím doma. Na dobrý čas! Jím dobré tuky s mírou – dobrý tuk jako olivový olej není tloustnutí; Pravidelně trénuji a vařím doma. Na dobrý čas! Jím dobré tuky s mírou – dobrý tuk jako olivový olej není tloustnutí; Pravidelně trénuji a vařím doma. Na dobrý čas! Jím dobré tuky s mírou – dobrý tuk jako olivový olej není tloustnutí; Pravidelně trénuji a vařím doma. Na dobrý čas! Na dobrý čas! Jím dobré tuky s mírou – dobrý tuk jako olivový olej není tloustnutí; Pravidelně trénuji a vařím doma. Na dobrý čas! Jím dobré tuky s mírou – dobrý tuk jako olivový olej není tloustnutí; Pravidelně trénuji a vařím doma. Na dobrý čas! Jím dobré tuky s mírou – dobrý tuk jako olivový olej není tloustnutí; Pravidelně trénuji a vařím doma. Na dobrý čas! Jím dobré tuky s mírou – dobrý tuk jako olivový olej není tloustnutí; Pravidelně trénuji a vařím doma. Na dobrý čas! Na dobrý čas! Jím dobré tuky s mírou – dobrý tuk jako olivový olej není tloustnutí; Pravidelně trénuji a vařím doma. Na dobrý čas! Jím dobré tuky s mírou – dobrý tuk jako olivový olej není tloustnutí; Pravidelně trénuji a vařím doma. Na dobrý čas! Jím dobré tuky s mírou – dobrý tuk jako olivový olej není tloustnutí; Pravidelně trénuji a vařím doma. Na dobrý čas! Jím dobré tuky s mírou – dobrý tuk jako olivový olej není tloustnutí; Pravidelně trénuji a vařím doma. Na dobrý čas! Jím dobré tuky s mírou – dobrý tuk jako olivový olej není tloustnutí; Pravidelně trénuji a vařím doma. Na dobrý čas! Jím dobré tuky s mírou – dobrý tuk jako olivový olej není tloustnutí; Pravidelně trénuji a vařím doma. Na dobrý čas! Jím dobré tuky s mírou – dobrý tuk jako olivový olej není tloustnutí; Pravidelně trénuji a vařím doma. Na dobrý čas! Jím dobré tuky s mírou – dobrý tuk jako olivový olej není tloustnutí; Pravidelně trénuji a vařím doma. Na dobrý čas!

RÝŽE A OBILOVINY

Klasická česneková rýže

(Připraveno asi za 20 minut | 4 porce)

Na porci: Kalorie: 422; Tuk: 15,1 g; Sacharidy: 61,1 g; Bílkoviny: 9,3 g

přísad

4 lžíce olivového oleje

4 stroužky česneku, nasekané

1 ½ šálku bílé rýže

2 ½ hrnku zeleninového vývaru

Indikace

V hrnci rozehřejte na středně vysoké teplotě olivový olej. Přidejte česnek a restujte asi 1 minutu, nebo dokud nebude aromatická.

Přidejte rýži a vývar. Přivést k varu; okamžitě přiveďte teplo k varu.

Vařte asi 15 minut nebo dokud se všechna tekutina nevstřebá. Rýži oloupeme vidličkou, dochutíme solí a pepřem a podáváme horkou.

Hnědá rýže se zeleninou a tofu

(Připraveno asi za 45 minut | 4 porce)

Na porci: Kalorie: 410; Tuk: 13,2 g; Sacharidy: 60 g; Bílkoviny: 14,3 g

přísad

4 lžičky sezamových semínek

2 stonky jarního česneku, mleté

1 šálek pažitky, nasekané

1 mrkev, oloupaná a nakrájená

1 řapíkatý celer, nakrájený na plátky

1/4 sklenice suchého bílého vína

10 uncí tofu, nakrájené na kostičky

1 ½ šálku dlouhozrnné hnědé rýže, dobře propláchnuté

2 lžíce sojové omáčky

2 lžíce tahini

1 lžíce citronové šťávy

Indikace

Ve woku nebo velkém hrnci rozehřejte 2 lžičky sezamového oleje na středně vysokou teplotu. V tomto okamžiku vařte česnek, cibuli, mrkev a celer asi 3 minuty, občas promíchejte, aby se zajistilo rovnoměrné vaření.

Přidejte víno, aby se pánev odglazovala, a zeleninu zatlačte na stranu woku. Přidejte zbývající sezamový olej a za občasného míchání tofu opékejte 8 minut.

Přiveďte 2 ½ šálku vody k varu na středně vysoké teplotě. Přiveďte k varu a vařte rýži asi 30 minut nebo do měkka; Rýži oloupeme a smícháme se sójovou omáčkou a tahini.

Do horké rýže vmícháme zeleninu a tofu; přidejte pár kapek čerstvé citronové šťávy a podávejte horké. Dobrou chuť!

Základní amarantová kaše

(Připraveno asi za 35 minut | 4 porce)

Na porci: Kalorie: 261; Tuk: 4,4 g; Sacharidy: 49 g; Bílkoviny: 7,3 g

přísad

3 šálky vody

1 šálek amarantu

1/2 šálku kokosového mléka

4 lžíce agávového sirupu

Špetka košer soli

Špetka strouhaného muškátového oříšku

Indikace

Přiveďte vodu k varu na středně vysokém ohni; přidejte amarant a přiveďte k varu.

Vařte asi 30 minut, občas promíchejte, aby se amarant nepřichytil ke dnu pánve.

Smíchejte ostatní ingredience a pokračujte ve vaření další 1 až 2 minuty, dokud nebudou hotové. Dobrou chuť!

. kukuřičný chléb se špenátem

(Připraveno asi za 50 minut | 8 porcí)

Na porci: Kalorie: 282; Tuk: 15,4g; Sacharidy: 30 g; Bílkoviny: 4,6 g

přísad

1 polévková lžíce lněného semínka

1 hrnek univerzální mouky

1 šálek žluté kukuřičné mouky

1/2 lžičky sody bikarbóny

1/2 lžičky prášku do pečiva

1 lžička košer soli

1 lžička hnědého cukru

Špetka strouhaného muškátového oříšku

1 ¼ šálku ovesného mléka, neslazeného

1 lžička bílého octa

1/2 šálku olivového oleje

2 šálky špenátu, nakrájeného na kousky

Indikace

Začněte předehřátím trouby na 420 stupňů F. Nyní nastříkejte plech na pečení nepřilnavým sprejem na vaření.

Pro výrobu lněných vajec smíchejte lněný šrot se 3 lžícemi vody. Promícháme a necháme asi 15 minut odpočinout.

V míse opatrně smíchejte mouku, kukuřičnou krupici, jedlou sodu, prášek do pečiva, sůl, cukr a nastrouhaný muškátový oříšek.

Postupně přidávejte lněné vejce, ovesné mléko, ocet a olivový olej za stálého šlehání, aby nevznikly hrudky. Dále přidáme špenát.

Těsto rozetřeme do připravené formy. Pečte kukuřičný chléb asi 25 minut, nebo dokud tester vložený do středu nevyjde suchý a čistý.

Před krájením a podáváním nechte asi 10 minut odpočinout. Dobrou chuť!

Rýžový nákyp s rybízem

(Připraveno asi za 45 minut | 4 porce)

Na porci: Kalorie: 423; Tuk: 5,3 g; Sacharidy: 85 g; Bílkoviny: 8,8 g

přísad

1 ½ šálku vody

1 šálek bílé rýže

2 ½ šálků ovesného mléka, rozdělené

1/2 šálku bílého cukru

špetka soli

Špetka strouhaného muškátového oříšku

1 lžička mleté skořice

1/2 lžičky vanilkového extraktu

1/2 šálku sušeného rybízu

Indikace

V hrnci přiveďte vodu k varu na středně vysokou teplotu. Okamžitě přivedeme plamen k varu, přidáme rýži a vaříme asi 20 minut.

Přidejte mléko, cukr a koření a pokračujte ve vaření dalších 20 minut za stálého míchání, aby se rýže nepřilepila na pánev.

Doplňte sušeným rybízem a podávejte při pokojové teplotě. Dobrou chuť!

Jáhlová kaše se sultánkami

(Připraveno asi za 25 minut | 3 porce)

Na porci: Kalorie: 353; Tuk: 5,5 g; Sacharidy: 65,2 g; Bílkoviny: 9,8 g

přísad

1 šálek vody

1 šálek kokosového mléka

1 šálek jáhel, opláchnutých

1/4 lžičky strouhaného muškátového oříšku

1/4 lžičky mleté skořice

1 lžička vanilkové pasty

1/4 lžičky košer soli

2 lžíce agávového sirupu

4 polévkové lžíce sultánky

Indikace

Do hrnce dáme vodu, mléko, jáhly, muškátový oříšek, skořici, vanilku a sůl; přivést k varu.

Přiveďte plamen k varu a vařte asi 20 minut; jáhly načechráme vidličkou a lžící do jednotlivých misek.

Podávejte s agávovým sirupem a sultánkami. Dobrou chuť!

Quinoa kaše se sušenými fíky

(Připraveno asi za 25 minut | 3 porce)

Na porci: Kalorie: 414; Tuk: 9 g; Sacharidy: 71,2g; Bílkoviny: 13,8 g

přísad

1 šálek bílé quinoa, opláchnuté

2 šálky mandlového mléka

4 lžíce hnědého cukru

špetka soli

1/4 lžičky strouhaného muškátového oříšku

1/2 lžičky mleté skořice

1/2 lžičky vanilkového extraktu

1/2 šálku sušených fíků, nakrájených

Indikace

Do hrnce dáme quinou, mandlové mléko, cukr, sůl, muškátový oříšek, skořici a vanilkový extrakt.

Přiveďte k varu na středně vysokém ohni. Přiveďte plamen k varu a vařte asi 20 minut; skořápka s vidličkou.

Rozdělte do tří servírovacích misek a ozdobte sušenými fíky. Dobrou chuť!

Rozinkový chlebový pudink

(Připraveno asi za 1 hodinu | 4 porce)

Na porci: Kalorie: 474; Tuk: 12,2 g; Sacharidy: 72 g; Bílkoviny: 14,4 g

přísad

4 šálky chleba denně, nakrájené na kostky

1 šálek hnědého cukru

4 šálky kokosového mléka

1/2 lžičky vanilkového extraktu

1 lžička mleté skořice

2 lžíce rumu

1/2 šálku rozinek

Indikace

Začněte předehřátím trouby na 360 stupňů F. Lehce namažte pánev nepřilnavým sprejem na vaření.

Nakrájený chléb vložte do připraveného kastrolu.

V míse dobře promíchejte cukr, mléko, vanilku, skořici, rum a rozinky. Na kostky chleba rovnoměrně nalijte pudink.

Necháme asi 15 minut louhovat.

Pečeme v předehřáté troubě asi 45 minut nebo dokud není povrch zlatavě hnědý a pevný. Dobrou chuť!

bulgurový salát

(Připraveno asi za 25 minut | 4 porce)

Na porci: Kalorie: 359; Tuk: 15,5 g; Sacharidy: 48,1g; Bílkoviny: 10,1 g

přísad

1 šálek pšeničného bulguru

1 ½ šálku zeleninového vývaru

1 lžička mořské soli

1 lžička čerstvého zázvoru, mletého

4 lžíce olivového oleje

1 nakrájená cibule

8 uncí konzervované cizrny, scezené

2 velké pečené papriky, nakrájené na plátky

2 lžíce čerstvé petrželky, hrubě nasekané

Indikace

V hlubokém hrnci přiveďte k varu bulgur a zeleninový vývar; vařte přikryté 12-13 minut.

Necháme asi 10 minut odpočinout a rozbalíme vidličkou.

Do uvařeného bulguru přidáme ostatní suroviny; podávejte při pokojové teplotě nebo velmi studené. Dobrou chuť!

Žitná kaše s borůvkovou polevou

(Připraveno asi za 15 minut | 3 porce)

Na porci: Kalorie: 359; Tuky: 11 g; Sacharidy: 56,1g; Bílkoviny: 12,1 g

přísad

1 hrnek žitných vloček

1 šálek vody

1 šálek kokosového mléka

1 šálek čerstvých borůvek

1 lžíce kokosového oleje

6 datlí, nakrájených

Indikace

Přidejte žitné vločky, vodu a kokosové mléko do hluboké pánve; přiveďte k varu na středně vysokém ohni. Přiveďte plamen k varu a vařte 5-6 minut.

V mixéru nebo kuchyňském robotu rozmixujte borůvky s kokosovým olejem a datlemi.

Nalijeme do tří misek a ozdobíme borůvkovou polevou.

Dobrou chuť!

Kokosová čiroková kaše

(Připraveno asi za 15 minut | 2 porce)

Na porci: Kalorie: 289; Tuk: 5,1 g; Sacharidy: 57,8 g; Bílkoviny: 7,3 g

přísad

1/2 šálku čiroku

1 šálek vody

1/2 šálku kokosového mléka

1/4 lžičky strouhaného muškátového oříšku

1/4 lžičky mletého hřebíčku

1/2 lžičky mleté skořice

Košer sůl, podle chuti

2 lžíce agávového sirupu

2 lžíce kokosových vloček

Indikace

Do hrnce dejte čirok, vodu, mléko, muškátový oříšek, hřebíček, skořici a košer sůl; dusíme asi 15 minut.

Nalijte kaši do servírovacích misek. Kompletní s agávovým sirupem a kokosovými vločkami. Dobrou chuť!

Tatínkova aromatická rýže

(Připraveno asi za 20 minut | 4 porce)

Na porci: Kalorie: 384; Tuky: 11,4 g; Sacharidy: 60,4g; Bílkoviny: 8,3 g

přísad

3 lžíce olivového oleje

1 lžička mletého česneku

1 lžička sušeného oregana

1 lžička sušeného rozmarýnu

1 bobkový list

1 ½ šálku bílé rýže

2 ½ hrnku zeleninového vývaru

Mořská sůl a kajenský pepř podle chuti

Indikace

V hrnci rozehřejte na středně vysoké teplotě olivový olej. Přidejte česnek, oregano, rozmarýn a bobkový list; smažte asi 1 minutu nebo dokud nebude voňavá.

Přidejte rýži a vývar. Přivést k varu; okamžitě přiveďte teplo k varu.

Vařte asi 15 minut nebo dokud se všechna tekutina nevstřebá. Rýži načechráme vidličkou, dochutíme solí a pepřem a ihned podáváme.

Dobrou chuť!

Každý den slaná krupice

(Připraveno asi za 35 minut | 4 porce)

Na porci: Kalorie: 238; Tuk: 6,5 g; Sacharidy: 38,7g; Bílkoviny: 3,7 g

přísad

2 lžíce veganského másla

1 sladká cibule, nakrájená

1 lžička mletého česneku

4 šálky vody

1 šálek kamenné mleté krupice

Mořská sůl a kajenský pepř podle chuti

Indikace

V hrnci rozpusťte veganské máslo na středně vysoké teplotě.

Když je cibulka horká, vařte asi 3 minuty nebo dokud nezměkne.

Přidejte česnek a pokračujte v restování dalších 30 sekund nebo dokud nebude aromatický; Rezervovat.

Přiveďte vodu k varu na středně vysokém ohni. Přidejte parmazán, sůl a pepř. Přiveďte oheň k varu, přikryjte a pokračujte ve vaření asi 30 minut nebo do vaření.

Přidejte restovanou směs a podávejte horké. Dobrou chuť!

salát z řeckého ječmene

(Připraveno asi za 35 minut | 4 porce)

Na porci: Kalorie: 378; Tuk: 15,6 g; Sacharidy: 50 g; Bílkoviny: 10,7 g

přísad

1 šálek perličkového ječmene

2 ¾ šálků zeleninového vývaru

2 lžíce jablečného octa

4 lžíce extra panenského olivového oleje

2 papriky, zbavené semínek a nakrájené na kostičky

1 šalotka, nakrájená

2 unce sušených rajčat v oleji, nakrájených

1/2 zelených oliv, vypeckovaných a nakrájených na plátky

2 lžíce čerstvého koriandru, hrubě nasekaného

Indikace

Přiveďte ječmen a vývar k varu na středně vysokém ohni; nyní přiveďte plamen k varu.

Pokračujte ve vaření asi 30 minut, dokud se všechna tekutina nevstřebá; skořápka s vidličkou.

Ječmen ochutíme octem, olivovým olejem, paprikou, šalotkou, sušenými rajčaty a olivami; promícháme, aby se dobře promíchalo.

Ozdobte čerstvým koriandrem a podávejte při pokojové teplotě nebo velmi studené. Na dobrý čas!

Snadná sladká kukuřičná kaše

(Připraveno asi za 15 minut | 2 porce)

Na porci: Kalorie: 278; Tuk: 12,7 g; Sacharidy: 37,2g; Bílkoviny: 3 g

přísad

2 šálky vody

1/2 šálku kukuřičné mouky

1/4 lžičky mletého nového koření

1/4 lžičky soli

2 lžíce hnědého cukru

2 lžíce mandlového másla

Indikace

V hrnci přiveďte vodu k varu; pak postupně přidávejte kukuřičnou mouku a přiveďte oheň k varu.

Přidejte mleté nové koření a sůl. Vařte 10 minut.

Přidejte hnědý cukr a mandlové máslo a jemně promíchejte, aby se spojily. Dobrou chuť!

Máminy jáhlové muffiny

(Připraveno asi za 20 minut | 8 porcí)

Na porci: Kalorie: 367; Tuk: 15,9 g; Sacharidy: 53,7 g; Bílkoviny: 6,5 g

přísad

- 2 hrnky celozrnné mouky
- 1/2 šálku jáhel
- 2 lžičky prášku do pečiva
- 1/2 lžičky soli
- 1 šálek kokosového mléka
- 1/2 šálku kokosového oleje, rozpuštěného
- 1/2 šálku agávového sirupu
- 1/2 lžičky mleté skořice
- 1/4 lžičky mletého hřebíčku
- Špetka strouhaného muškátového oříšku

1/2 šálku sušených meruněk, nakrájených

Indikace

Začněte předehřátím trouby na 400 stupňů F. Lehce namažte formu na muffiny nepřilnavým olejem.

V míse smícháme všechny suché ingredience. V samostatné misce smíchejte mokré ingredience. Smíchejte mléčnou směs se směsí mouky; míchejte jen do stejnoměrné vlhkosti a nepřemíchejte těsto.

Meruňky spojíme a těsto natřeme do připravených košíčků na muffiny.

Muffiny pečte v předehřáté troubě asi 15 minut, nebo dokud nebude tester vložený do středu muffinu suchý a čistý.

Před vyjmutím z formy a podáváním nechte 10 minut odpočívat na mřížce. Na dobrý čas!

Hnědá rýže se zázvorem

(Připraveno asi za 30 minut | 4 porce)

Na porci: Kalorie: 318; Tuk: 8,8 g; Sacharidy: 53,4g; Bílkoviny: 5,6 g

přísad

1 ½ šálku hnědé rýže, opláchnuté

2 lžíce olivového oleje

1 lžička mletého česneku

1 kus zázvoru (1 palec), oloupaný a nasekaný

1/2 lžičky semínek kmínu

Mořská sůl a mletý černý pepř, podle chuti

Indikace

Umístěte hnědou rýži do hrnce a zakryjte studenou vodou 2 palce. Přivést k varu.

Přiveďte teplo k varu a pokračujte ve vaření asi 30 minut nebo do změknutí.

V pánvi rozehřejte olivový olej na středně vysokou teplotu. Jakmile jsou horké, vařte česnek, zázvor a kmín, dokud nebudou aromatické.

Do horké rýže vmícháme zázvorovo-česnekovou směs; Dochuťte solí a pepřem a ihned podávejte. Dobrou chuť!

Sladké ovesné kroupy

(Připraveno asi za 20 minut | 4 porce)

Na porci: Kalorie: 380; Tuk: 11,1 g; Sacharidy: 59 g; Bílkoviny: 14,4 g

přísad

1 ½ šálku ocelového nakrájeného ovsa, namočeného přes noc

1 šálek mandlového mléka

2 šálky vody

Špetka strouhaného muškátového oříšku

Špetka mletého hřebíčku

špetka mořské soli

4 lžíce mandlí, ve vločkách

6 datlí, vypeckovaných a nakrájených

6 švestek, nakrájených

Indikace

V hlubokém hrnci přiveďte k varu nakrájené ovesné vločky, mandlové mléko a vodu.

Přidejte muškátový oříšek, hřebíček a sůl. Okamžitě přiveďte oheň k varu, přikryjte a pokračujte ve vaření asi 15 minut nebo do změknutí.

Poté do čtyř servírovacích misek nalijte parmazán; okořeňte je mandlemi, datlemi a švestkami.

Dobrou chuť!

Mísa freekeh se sušenými fíky

(Připraveno asi za 35 minut | 2 porce)

Na porci: Kalorie: 458; Tuk: 6,8 g; Sacharidy: 90 g; Bílkoviny: 12,4 g

přísad

1/2 šálku freekeh, namočené po dobu 30 minut, scezené

1 1/3 šálku mandlového mléka

1/4 lžičky mořské soli

1/4 lžičky mletého hřebíčku

1/4 lžičky mleté skořice

4 lžíce agávového sirupu

2 unce sušených fíků, nakrájených

Indikace

Do hrnce dejte freekeh, mléko, mořskou sůl, mletý hřebíček a skořici. Přiveďte k varu na středně vysokém ohni.

Okamžitě přiveďte teplo k varu po dobu 30–35 minut, občas promíchejte, aby se podpořilo rovnoměrné vaření.

Přidejte agávový sirup a fíky. Kaši nalijeme do jednotlivých misek a podáváme. Dobrou chuť!

Kukuřičná kaše s javorovým sirupem

(Připraveno asi za 20 minut | 4 porce)

Na porci: Kalorie: 328; Tuk: 4,8 g; Sacharidy: 63,4g; Bílkoviny: 6,6 g

přísad

2 šálky vody

2 šálky mandlového mléka

1 tyčinka skořice

1 vanilkový lusk

1 šálek žluté kukuřičné mouky

1/2 šálku javorového sirupu

Indikace

V hrnci přiveďte k varu vodu a mandlové mléko. Přidejte tyčinku skořice a vanilkový lusk.

Postupně za stálého míchání přidávejte kukuřičnou mouku; přiveďte teplo k varu. Necháme provařit asi 15 minut.

Kaši přelijeme javorovým sirupem a podáváme horké. Na dobrý čas!

středomořská rýže

(Připraveno asi za 20 minut | 4 porce)

Na porci: Kalorie: 403; Tuk: 12 g; Sacharidy: 64,1 g; Bílkoviny: 8,3 g

přísad

3 lžíce veganského másla při pokojové teplotě

4 lžíce šalotky, nakrájené

2 stroužky česneku, nasekané

1 bobkový list

1 snítka tymiánu, nasekaná

1 snítka nasekaného rozmarýnu

1 ½ šálku bílé rýže

2 šálky zeleninového vývaru

1 velké rajče, pyré

Mořská sůl a mletý černý pepř, podle chuti

2 unce oliv Kalamata, bez pecek a nakrájené na plátky

Indikace

V hrnci rozpusťte na středním plameni veganské máslo. Šalotku vařte asi 2 minuty nebo do měkka.

Přidejte česnek, bobkový list, tymián a rozmarýn a dále restujte asi 1 minutu, nebo dokud nebude voňavá.

Přidejte rýži, vývar a rajčatový protlak. Přivést k varu; okamžitě přiveďte teplo k varu.

Vařte asi 15 minut nebo dokud se všechna tekutina nevstřebá. Rýži oloupeme vidličkou, dochutíme solí a pepřem a ozdobíme olivami; ihned podávejte.

Dobrou chuť!

Bulgurové palačinky s twistem

(Připraveno asi za 50 minut | 4 porce)

Na porci: Kalorie: 414; Tuk: 21,8g; Sacharidy: 51,8g; Bílkoviny: 6,5 g

přísad

1/2 šálku bulgurové pšeničné mouky

1/2 hrnku mandlové mouky

1 lžička jedlé sody

1/2 lžičky jemné mořské soli

1 hrnek plnotučného kokosového mléka

1/2 lžičky mleté skořice

1/4 lžičky mletého hřebíčku

4 lžíce kokosového oleje

1/2 šálku javorového sirupu

1 velký banán, nakrájený na plátky

Indikace

V míse opatrně smíchejte mouku, jedlou sodu, sůl, kokosové mléko, skořici a mletý hřebíček; nechte 30 minut odležet, aby se dobře vsákla.

Na pánvi rozehřejte malé množství kokosového oleje.

Smažte palačinky, dokud povrch nezezlátne. Ozdobte javorovým sirupem a banánem. Dobrou chuť!

Čokoládová žitná kaše

(Připraveno asi za 10 minut | 4 porce)

Na porci: Kalorie: 460; Tuk: 13,1 g; Sacharidy: 72,2 g; Bílkoviny: 15 g

přísad

- 2 šálky žitných vloček
- 2 ½ šálků mandlového mléka
- 2 unce švestek, nakrájených
- 2 unce kousky tmavé čokolády

Indikace

Přidejte žitné vločky a mandlové mléko do hluboké pánve; přiveďte k varu na středně vysokém ohni. Přiveďte plamen k varu a vařte 5-6 minut.

Vypadni z ohně. Přidejte nakrájené švestky a čokoládové lupínky, jemně promíchejte, aby se spojily.

Nalijte do misek a podávejte horké.

Dobrou chuť!

Autentické africké jídlo Mielie

(Připraveno asi za 15 minut | 4 porce)

Na porci: Kalorie: 336; Tuk: 15,1 g; Sacharidy: 47,9g; Bílkoviny: 4,1 g

přísad

3 šálky vody

1 šálek kokosového mléka

1 šálek kukuřičné mouky

1/3 lžičky košer soli

1/4 lžičky strouhaného muškátového oříšku

1/4 lžičky mletého hřebíčku

4 lžíce javorového sirupu

Indikace

V hrnci přiveďte vodu a mléko k varu; pak postupně přidávejte kukuřičnou mouku a přiveďte oheň k varu.

Přidejte sůl, muškátový oříšek a hřebíček. Vařte 10 minut.

Přidejte javorový sirup a jemně promíchejte, aby se spojil. Dobrou chuť!

Teffová kaše se sušenými fíky

(Připraveno asi za 25 minut | 4 porce)

Na porci: Kalorie: 356; Tuk: 12,1 g; Sacharidy: 56,5g; Bílkoviny: 6,8 g

přísad

1 hrnek celozrnného teffu

1 šálek vody

2 šálky kokosového mléka

2 lžíce kokosového oleje

1/2 lžičky mletého kardamomu

1/4 lžičky mleté skořice

4 lžíce agávového sirupu

7-8 sušených fíků, nakrájených

Indikace

Celozrnný teff, vodu a kokosové mléko přiveďte k varu.

Přiveďte oheň k varu a přidejte kokosový olej, kardamom a skořici.

Vařte 20 minut nebo dokud zrno nezměkne a kaše zhoustne. Přidejte agávový sirup a promíchejte, aby se dobře promíchal.

Každé jídlo obložte nakrájenými fíky a podávejte horké. Dobrou chuť!

dekadentní chlebový nákyp s meruňkami

(Připraveno asi za 1 hodinu | 4 porce)

Na porci: Kalorie: 418; Tuk: 18,8 g; Sacharidy: 56,9g; Bílkoviny: 7,3 g

přísad

4 šálky ciabatty denně, nakrájené na kostky

4 lžíce kokosového oleje, rozpuštěného

2 šálky kokosového mléka

1/2 hrnku kokosového cukru

4 lžíce jablečného pyré

1/4 lžičky mletého hřebíčku

1/2 lžičky mleté skořice

1 lžička vanilkového extraktu

1/3 šálku sušených meruněk, nakrájených na kostičky

Indikace

Začněte předehřátím trouby na 360 stupňů F. Lehce namažte pánev nepřilnavým sprejem na vaření.

Nakrájený chléb vložte do připraveného kastrolu.

V misce opatrně smíchejte kokosový olej, mléko, kokosový cukr, jablečný protlak, mletý hřebíček, mletou skořici a vanilku. Nalijte pudink rovnoměrně na kostky chleba; přidáme meruňky.

Přitlačte velkou špachtlí a nechte asi 15 minut nasáknout.

Pečeme v předehřáté troubě asi 45 minut nebo dokud není povrch zlatavě hnědý a pevný. Dobrou chuť!

Chipotle rýže s koriandrem

(Připraveno asi za 25 minut | 4 porce)

Na porci: Kalorie: 313; Tuk: 15 g; Sacharidy: 37,1g; Bílkoviny: 5,7 g

přísad

4 lžíce olivového oleje

1 chilli chipotle, semena a mletá

1 šálek jasmínové rýže

1 ½ šálku zeleninového vývaru

1/4 šálku čerstvého koriandru, nasekaného

Mořská sůl a kajenský pepř podle chuti

Indikace

V hrnci rozehřejte na středně vysoké teplotě olivový olej. Přidejte pepř a rýži a vařte asi 3 minuty nebo dokud nebude voňavá.

Nalijte zeleninový vývar do hrnce a přiveďte k varu; okamžitě přiveďte teplo k varu.

Vařte asi 18 minut nebo dokud se všechna tekutina nevstřebá. Načechrejte rýži vidličkou, přidejte koriandr, sůl a kajenský pepř; promícháme, aby se dobře promíchalo. Dobrou chuť!

ovesná kaše s mandlemi

(Připraveno asi za 20 minut | 2 porce)

Na porci: Kalorie: 533; Tuky: 13,7 g; Sacharidy: 85 g; Bílkoviny: 21,6 g

přísad

1 šálek vody

2 šálky mandlového mléka, rozdělené

1 hrnek ovesných vloček

2 lžíce kokosového cukru

1/2 vanilkové esence

1/4 lžičky kardamomu

1/2 šálku nasekaných mandlí

1 banán, nakrájený na plátky

Indikace

V hlubokém hrnci přiveďte vodu a mléko k rychlému varu. Přidejte ovesné vločky, přikryjte pánev a přiveďte oheň na střední teplotu.

Přidejte kokosový cukr, vanilku a kardamom. Pokračujte ve vaření asi 12 minut za občasného míchání.

Nalijte směs do servírovacích misek; ozdobíme mandlemi a banánem. Dobrou chuť!

Aromatická miska na proso

(Připraveno asi za 20 minut | 3 porce)

Na porci: Kalorie: 363; Tuk: 6,7 g; Sacharidy: 63,5g; Bílkoviny: 11,6 g

přísad

1 šálek vody

1 ½ šálku kokosového mléka

1 hrnek jáhel, opláchnutých a okapaných

1/4 lžičky krystalizovaného zázvoru

1/4 lžičky mleté skořice

Špetka strouhaného muškátového oříšku

Špetka himalájské soli

2 lžíce javorového sirupu

Indikace

Do hrnce dejte vodu, mléko, jáhly, konzervovaný zázvor, muškátový oříšek a sůl; přivést k varu.

Přiveďte plamen k varu a vařte asi 20 minut; jáhly načechráme vidličkou a lžící do jednotlivých misek.

Podávejte s javorovým sirupem. Dobrou chuť!

Miska Harissa Bulgur

(Připraveno asi za 25 minut | 4 porce)

Na porci: Kalorie: 353; Tuk: 15,5 g; Sacharidy: 48,5g; Bílkoviny: 8,4 g

přísad

1 šálek pšeničného bulguru

1 ½ šálku zeleninového vývaru

2 šálky sladkých kukuřičných zrn, rozmražených

1 šálek konzervovaných fazolí, okapaných

1 červená cibule, nakrájená na tenké plátky

1 stroužek česneku, nasekaný

Mořská sůl a mletý černý pepř, podle chuti

1/4 šálku pasty harissa

1 lžíce citronové šťávy

1 lžíce bílého octa

1/4 šálku extra panenského olivového oleje

1/4 šálku čerstvé petrželové natě, nahrubo nasekané

Indikace

V hlubokém hrnci přiveďte k varu bulgur a zeleninový vývar; vařte přikryté 12-13 minut.

Necháme 5-10 minut odležet a bulgur načechráme vidličkou.

Do uvařeného bulguru přidáme ostatní suroviny; Podávejte horké nebo při pokojové teplotě. Dobrou chuť!

Kokosový quinoa pudink

(Připraveno asi za 20 minut | 3 porce)

Na porci: Kalorie: 391; Tuk: 10,6 g; Sacharidy: 65,2g; Bílkoviny: 11,1 g

přísad

- 1 šálek vody
- 1 šálek kokosového mléka
- 1 šálek quinoa
- Špetka košer soli
- Špetka mletého nového koření
- 1/2 lžičky skořice
- 1/2 lžičky vanilkového extraktu
- 4 lžíce agávového sirupu
- 1/2 šálku kokosových vloček

Indikace

Do hrnce dáme vodu, kokosové mléko, quinou, sůl, mleté nové koření, skořici a vanilkový extrakt.

Přiveďte k varu na středně vysokém ohni. Přiveďte plamen k varu a vařte asi 20 minut; oloupeme vidličkou a přidáme agávový sirup.

Rozdělte do tří servírovacích misek a ozdobte kokosovými lupínky. Dobrou chuť!

Rizoto s cremini houbami

(Připraveno asi za 20 minut | 3 porce)

Na porci: Kalorie: 513; Tuk: 12,5g; Sacharidy: 88 g; Bílkoviny: 11,7 g

přísad

3 lžíce veganského másla

1 lžička mletého česneku

1 lžička tymiánu

1 libra cremini houby, nakrájené na plátky

1 ½ šálku bílé rýže

2 ½ hrnku zeleninového vývaru

1/4 šálku suchého sherry

Košer sůl a mletý černý pepř podle chuti

3 lžíce čerstvé šalotky, nakrájené na tenké plátky

Indikace

V hrnci rozpusťte na středním plameni veganské máslo. Česnek a tymián vařte asi 1 minutu nebo dokud nebudou aromatické.

Přidejte houby a dále restujte, dokud nepustí tekutinu nebo asi 3 minuty.

Přidejte rýži, zeleninový vývar a sherry víno. Přivést k varu; okamžitě přiveďte teplo k varu.

Vařte asi 15 minut nebo dokud se všechna tekutina nevstřebá. Rýži oloupeme vidličkou, dochutíme solí, pepřem a ozdobíme čerstvou šalotkou.

Dobrou chuť!

Barevné Rizoto Se Zeleninou

(Připraveno asi za 35 minut | 5 porcí)

Na porci: Kalorie: 363; Tuk: 7,5 g; Sacharidy: 66,3g; Bílkoviny: 7,7 g

přísad

2 lžíce sezamového oleje

1 nakrájená cibule

2 nakrájené papriky

1 pastinák, oloupaný a nakrájený

1 mrkev, oloupaná a nakrájená

1 šálek růžičky brokolice

2 stroužky česneku, jemně nasekané

1/2 lžičky mletého kmínu

2 šálky hnědé rýže

Mořská sůl a černý pepř, podle chuti

1/2 lžičky mleté kurkumy

2 lžíce čerstvého koriandru, jemně nasekaného

Indikace

V hrnci rozehřejte sezamový olej na středně vysokou teplotu.

Jakmile jsou horké, vařte cibuli, papriku, pastinák, mrkev a brokolici asi 3 minuty, dokud nebudou aromatické.

Přidejte česnek a mletý kmín; pokračujte ve vaření dalších 30 sekund, dokud nebude aromatická.

Umístěte hnědou rýži do hrnce a zakryjte studenou vodou 2 palce. Přivést k varu. Přiveďte teplo k varu a pokračujte ve vaření asi 30 minut nebo do změknutí.

Přidejte rýži do zeleninové směsi; dochuťte solí, černým pepřem a mletou kurkumou; ozdobte čerstvým koriandrem a ihned podávejte. Dobrou chuť!

Amarantové zrno s vlašskými ořechy

(Připraveno asi za 35 minut | 4 porce)

Na porci: Kalorie: 356; Tuk: 12 g; Sacharidy: 51,3g; Bílkoviny: 12,2 g

přísad

2 šálky vody

2 šálky kokosového mléka

1 šálek amarantu

1 tyčinka skořice

1 vanilkový lusk

4 lžíce javorového sirupu

4 lžíce vlašských ořechů, nasekaných

Indikace

Vodu a kokosové mléko přiveďte k varu na středně vysokém ohni; přidejte amarant, skořici a vanilku a přiveďte k varu.

Vařte asi 30 minut, občas promíchejte, aby se amarant nepřichytil ke dnu pánve.

Nalijte javorový sirup a vlašské ořechy. Dobrou chuť!

Ječný pilaf s houbami

(Připraveno asi za 45 minut | 4 porce)

Na porci: Kalorie: 288; Tuk: 7,7 g; Sacharidy: 45,3g; Bílkoviny: 12,1 g

přísad

2 lžíce veganského másla

1 malá cibule, nakrájená

1 lžička mletého česneku

1 paprička jalapeno, zbavená semínek a nasekaná

1 libra lesních hub, nakrájené na plátky

1 šálek středního perlového ječmene, opláchnutý

2 ¾ šálků zeleninového vývaru

Indikace

V hrnci na středně vysoké teplotě rozpusťte veganské máslo.

Když je cibulka horká, vařte asi 3 minuty, dokud nezměkne.

Přidejte česnek, papričku jalapeňo, houby; pokračujte ve smažení 2 minuty nebo dokud nezavoní.

Přidejte ječmen a vývar, přikryjte a dále vařte asi 30 minut. Jakmile se všechna tekutina vsákne, nechte ječmen asi 10 minut odpočívat a vidličkou ho oloupat.

Ochutnejte a upravte koření. Dobrou chuť!

Sladké muffiny s kukuřičným chlebem

(Připraveno asi za 30 minut | 8 porcí)

Na porci: Kalorie: 311; Tuky: 13,7 g; Sacharidy: 42,3 g; Bílkoviny: 4,5 g

přísad

- 1 hrnek univerzální mouky
- 1 šálek žluté kukuřičné mouky
- 1 lžička prášku do pečiva
- 1 lžička jedlé sody
- 1 lžička košer soli
- 1/2 šálku cukru
- 1/2 lžičky mleté skořice
- 1 1/2 šálku mandlového mléka
- 1/2 šálku veganského másla, rozpuštěného
- 2 lžíce jablečného pyré

Indikace

Začněte předehřátím trouby na 420 stupňů F. Nyní nastříkejte formu na muffiny nepřilnavým sprejem na vaření.

V míse opatrně smíchejte mouku, kukuřičnou krupici, jedlou sodu, prášek do pečiva, sůl, cukr a skořici.

Postupně přidávejte mléko, máslo a jablečný pyré, vždy šlehejte, aby nevznikly hrudky.

Těsto natřeme do připravené formy na muffiny. Rohlíky pečte asi 25 minut, nebo dokud vycentrovaný tester nevyjde suchý a čistý.

Před překlopením a podáváním je přendejte na mřížku na 5 minut odpočinout. Dobrou chuť!

Aromatický rýžový nákyp se sušenými fíky

(Připraveno asi za 45 minut | 4 porce)

Na porci: Kalorie: 407; Tuk: 7,5 g; Sacharidy: 74,3g; Bílkoviny: 10,7 g

přísad

2 šálky vody

1 šálek středněznrné bílé rýže

3 ½ hrnku kokosového mléka

1/2 hrnku kokosového cukru

1 tyčinka skořice

1 vanilkový lusk

1/2 šálku sušených fíků, nakrájených

4 lžíce strouhaného kokosu

Indikace

V hrnci přiveďte vodu k varu na středně vysokou teplotu. Okamžitě přivedeme plamen k varu, přidáme rýži a vaříme asi 20 minut.

Přidejte mléko, cukr a koření a pokračujte ve vaření dalších 20 minut za stálého míchání, aby se rýže nepřilepila na pánev.

Ozdobte sušenými fíky a kokosem; pudink podávejte teplý nebo při pokojové teplotě. Dobrou chuť!

Quinoa guláš

(Připraveno asi za 25 minut | 4 porce)

Na porci: Kalorie: 466; Tuk: 11,1 g; Sacharidy: 76 g; Bílkoviny: 16,1 g

přísad

2 lžíce olivového oleje

1 nakrájená cibule

4 střední brambory, oloupané a nakrájené na kostičky

1 mrkev, oloupaná a nakrájená na kostičky

1 pastinák, oloupaný a nakrájený na kostičky

1 paprička jalapeno, zbavená semínek a nasekaná

4 šálky zeleninového vývaru

1 šálek quinoa

Mořská sůl a mletý bílý pepř podle chuti

Indikace

V hrnci se silným dnem rozehřejte olivový olej na středně vysokou teplotu. Smažte cibuli, brambory, mrkev, pastinák a pepř asi 5 minut nebo do změknutí.

Přidejte zeleninový vývar a quinou; přivést k varu.

Okamžitě přiveďte oheň k varu asi 15 minut nebo dokud quinoa nezměkne.

Dochuťte solí a pepřem podle chuti. Rozmixujte si kaši tyčovým mixérem. Těsně před podáváním zahřejte hrnec a vychutnejte si jídlo!

Miska čiroku s mandlemi

(Připraveno asi za 15 minut | 4 porce)

Na porci: Kalorie: 384; Tuky: 14,7 g; Sacharidy: 54,6 g; Bílkoviny: 13,9 g

přísad

1 šálek čiroku

3 šálky mandlového mléka

špetka mořské soli

Špetka strouhaného muškátového oříšku

1/2 lžičky mleté skořice

1/4 lžičky mletého kardamomu

1 lžička krystalizovaného zázvoru

4 lžíce hnědého cukru

4 lžíce mandlí, ve vločkách

Indikace

Do hrnce dáme čirok, mandlové mléko, sůl, muškátový oříšek, skořici, kardamom a kandovaný zázvor; dusíme asi 15 minut.

Přidejte hnědý cukr, promíchejte a nalijte kaši do servírovacích misek.

Doplňte mandlemi a ihned podávejte. Dobrou chuť!

Bulgurové muffiny s rozinkami

(Připraveno asi za 20 minut | 6 porcí)

Na porci: Kalorie: 306; Tuk: 12,1 g; Sacharidy: 44,6 g; Bílkoviny: 6,1 g

přísad

1 šálek bulguru, vařené

4 lžíce kokosového oleje, rozpuštěného

1 lžička prášku do pečiva

1 lžička jedlé sody

2 lžíce lněných vajec

1 ¼ šálku univerzální mouky

1/2 hrnku kokosové mouky

1 šálek kokosového mléka

4 lžíce hnědého cukru

1/2 šálku rozinek, zabalené

Indikace

Začněte předehřátím trouby na 420 stupňů F. Nastříkejte formu na muffiny nepřilnavým olejem na vaření.

Všechny suché ingredience dobře promícháme. Přidejte uvařený bulgur.

V jiné míse prošlehejte všechny mokré ingredience; přidáme mokrou směs do bulgurové směsi; složte rozinky.

Míchejte, dokud není vše dobře promícháno, ale ne příliš; těsto nalijeme do připraveného muffinu.

Nyní pečte muffiny asi 16 minut, nebo dokud tester nevyjde suchý a čistý. Dobrou chuť!

starý styl pilaf

(Připraveno asi za 45 minut | 4 porce)

Na porci: Kalorie: 532; Tuky: 11,4 g; Sacharidy: 93 g; Bílkoviny: 16,3 g

přísad

2 lžíce sezamového oleje

1 šalotka, nakrájená na plátky

2 papriky, zbavené semínek a nakrájené na plátky

3 stroužky česneku, nasekané

10 uncí hlívy ústřičné, očištěné a nakrájené

2 šálky hnědé rýže

2 rajčata, pyré

2 šálky zeleninového vývaru

Sůl a černý pepř, podle chuti

1 šálek zrn sladké kukuřice

1 šálek hrášku

Indikace

V hrnci rozehřejte sezamový olej na středně vysokou teplotu.

Jakmile jsou horké, vařte šalotku a papriku asi 3 minuty, dokud nezměknou.

Přidejte česnek a hlívu ústřičnou; pokračujte ve smažení asi 1 minutu, dokud nebude aromatická.

Do kastrůlku lehce vymazaného olejem dejte rýži okapanou ze směsi hub, rajčata, vývar, sůl, černý pepř, kukuřici a hrášek.

Vařte zakryté při 375 stupních F asi 40 minut a po 20 minutách míchejte. Dobrou chuť!

Freekeh salát se Za'atarem

(Připraveno asi za 35 minut | 4 porce)

Na porci: Kalorie: 352; Tuk: 17,1 g; Sacharidy: 46,3g; Bílkoviny: 8 g

přísad

1 šálek freekeh

2 ½ šálku vody

1 šálek hroznových rajčat, rozpůlených

2 papriky, zbavené semínek a nakrájené na plátky

1 habanero chile, zbavené semínek a nakrájené na plátky

1 cibule, nakrájená na tenké plátky

2 lžíce čerstvého koriandru, nasekaného

2 lžíce čerstvé petrželky, nasekané

2 unce zelených oliv, zbavených pecek a nakrájených na plátky

1/4 šálku extra panenského olivového oleje

2 lžíce citronové šťávy

1 lžička plněné hořčice

1 lžička za'atar

Mořská sůl a mletý černý pepř, podle chuti

Indikace

Dejte freekeh a vodu do hrnce. Přiveďte k varu na středně vysokém ohni.

Okamžitě přiveďte teplo k varu po dobu 30–35 minut, občas promíchejte, aby se podpořilo rovnoměrné vaření. Necháme úplně vychladnout.

Uvařený freekeh dochutíme ostatními surovinami. Míchejte, aby se dobře promíchalo.

Dobrou chuť!

Zeleninová polévka s amarantem

(Připraveno asi za 30 minut | 4 porce)

Na porci: Kalorie: 196; Tuk: 8,7 g; Sacharidy: 26,1g; Bílkoviny: 4,7 g

přísad

2 lžíce olivového oleje

1 malá šalotka, nakrájená

1 mrkev, oloupaná a nakrájená

1 pastinák, oloupaný a nakrájený

1 šálek žluté tykve, oloupané a nakrájené

1 lžička semínek fenyklu

1 lžička celerových semínek

1 lžička prášku z kurkumy

1 bobkový list

1/2 šálku amarantu

2 šálky celerové smetany

2 šálky vody

2 šálky zelí, nakrájené na kousky

Mořská sůl a mletý černý pepř, podle chuti

Indikace

V hrnci se silným dnem rozehřejte olivový olej, dokud nezačne prskat. Jakmile jsou horké, restujte šalotku, mrkev, pastinák a dýni po dobu 5 minut nebo do změknutí.

Poté semena fenyklu, celeru, kurkumy a bobkového listu restujte asi 30 sekund, dokud nebudou voňavé.

Přidejte amarant, polévku a vodu. Přiveďte teplo k varu. Přikryjeme a dusíme 15-18 minut.

Poté přidáme zelí, dochutíme solí a černým pepřem a dále dusíme dalších 5 minut. Na dobrý čas!

Polenta s houbami a cizrnou

(Připraveno asi za 25 minut | 4 porce)

Na porci: Kalorie: 488; Tuk: 12,2 g; Sacharidy: 71g; Bílkoviny: 21,4 g

přísad

3 šálky zeleninového vývaru

1 šálek žluté kukuřičné mouky

2 lžíce olivového oleje

1 nakrájená cibule

1 paprika, zbavená semínek a nakrájená na plátky

1 libra cremini houby, nakrájené na plátky

2 stroužky česneku, nasekané

1/2 sklenice suchého bílého vína

1/2 hrnku zeleninového vývaru

Košer sůl a čerstvě mletý černý pepř podle chuti

1 lžička papriky

1 hrnek konzervované cizrny, okapané

Indikace

Ve středním hrnci přivedeme na středně vysokou teplotu k varu zeleninový vývar. Nyní přidejte kukuřičnou mouku a pokračujte ve šlehání, aby se nevytvořily hrudky.

Snižte teplotu, dokud se nezačne vařit. Pokračujte ve vaření na mírném ohni za občasného šlehání asi 18 minut, dokud směs nezhoustne.

Mezitím si v hrnci na mírném ohni rozehřejte olivový olej. Vařte cibuli a papriku asi 3 minuty nebo dokud nebudou měkké a voňavé.

Přidejte houby a česnek; pokračujte v restování za postupného přidávání vína a vývaru další 4 minuty nebo do vaření. Dochuťte solí, černým pepřem a paprikou. Přidejte cizrnu.

Polentu přelijeme houbovou směsí a podáváme horké. Dobrou chuť!

Teffový salát s avokádem a fazolemi

(Připraveno asi za 20 minut + rychlé zchlazení | 2 porce)

Na porci: Kalorie: 463; Tuk: 21,2g; Sacharidy: 58,9 g; Bílkoviny: 13,1 g

přísad

2 šálky vody

1/2 šálku teffového zrna

1 lžička čerstvé citronové šťávy

3 lžíce veganské majonézy

1 lžička plněné hořčice

1 malé avokádo, vypeckované, oloupané a nakrájené na plátky

1 malá červená cibule, nakrájená na tenké plátky

1 malá perská okurka, nakrájená na plátky

1/2 šálku konzervovaných fazolí, scezených

2 šálky baby špenátu

Indikace

V hlubokém hrnci přiveďte vodu k varu na prudkém ohni.
Přidejte teffové zrno a přiveďte teplo k varu.

Pokračujte ve vaření zakryté asi 20 minut nebo do změknutí.
Necháme úplně vychladnout.

Přidejte ostatní ingredience a promíchejte, aby se spojily.
Podávejte při pokojové teplotě. Dobrou chuť!

Přes noc oves s vlašskými ořechy

(Připraveno asi za 5 minut + rychlé vychladnutí | 3 porce)

Na porci: Kalorie: 423; Tuk: 16,8g; Sacharidy: 53,1g; Bílkoviny: 17,3 g

přísad

1 šálek staromódního ovsa

3 lžíce chia semínek

1 ½ šálku kokosového mléka

3 lžičky agávového sirupu

1 lžička vanilkového extraktu

1/2 lžičky mleté skořice

3 lžíce vlašských ořechů, nasekaných

špetka soli

Špetka strouhaného muškátového oříšku

Indikace

Ingredience rozdělte do tří sklenic.

Zavíčkujte a protřepejte, aby se dobře promíchalo. Nechte je uležet přes noc ve vaší lednici.

Před podáváním můžete přidat ještě trochu mléka. Na dobrý čas!

Tradiční indický Rajma Dal

(Připraveno asi za 20 minut | 4 porce)

Na porci: Kalorie: 269; Tuk: 15,2g; Sacharidy: 22,9g; Bílkoviny: 7,2 g

přísad

3 lžíce sezamového oleje

1 lžička mletého zázvoru

1 lžička semínek kmínu

1 lžička semínek koriandru

1 velká cibule, nakrájená

1 řapíkatý celer, nakrájený

1 lžička mletého česneku

1 šálek rajčatové omáčky

1 lžička garam masala

1/2 lžičky kari

1 malá tyčinka skořice

1 zelená chilli paprička, zbavená semínek a nakrájená

2 šálky konzervovaných fazolí, okapané

2 šálky zeleninového vývaru

Košer sůl a mletý černý pepř podle chuti

Indikace

V hrnci rozehřejte sezamový olej na středně vysokou teplotu; nyní orestujte zázvor, kmín a koriandrová semínka, dokud nebudou voňavé nebo asi 30 sekund.

Přidejte cibuli a celer a dále restujte další 3 minuty, dokud nezměknou.

Přidejte česnek a pokračujte v restování ještě 1 minutu.

V hrnci smícháme ostatní ingredience a přivedeme oheň k varu. Pokračujte ve vaření po dobu 10-12 minut nebo do úplného vaření. Podávejte teplé a vychutnejte si jídlo!

Salát z červených fazolí

(Připraveno asi za 1 hodinu + rychlé zchlazení | 6 porcí)

Na porci: Kalorie: 443; Tuk: 19,2g; Sacharidy: 52,2g; Bílkoviny: 18,1 g

přísad

3/4 libry fazolí, namočených přes noc

2 nakrájené papriky

1 mrkev, oloupaná a nastrouhaná

3 unce zmrazených nebo konzervovaných kukuřičných zrn, okapaných

3 vrchovaté lžíce nakrájené šalotky

2 stroužky česneku, nasekané

1 červená chilli papřička, nakrájená na plátky

1/2 šálku extra panenského olivového oleje

2 lžíce jablečného octa

2 lžíce čerstvé citronové šťávy

Mořská sůl a mletý černý pepř, podle chuti

2 lžíce čerstvého koriandru, nasekaného

2 lžíce čerstvé petrželky, nasekané

2 lžíce čerstvé bazalky, nasekané

Indikace

Namočené fazole zalijte čerstvou studenou vodou a přiveďte k varu. Vařte asi 10 minut. Přiveďte teplo k varu a pokračujte ve vaření po dobu 50–55 minut nebo do změknutí.

Nechte fazole úplně vychladnout a poté přendejte do salátové mísy.

Přidejte ostatní ingredience a promíchejte, aby se dobře promíchaly. Dobrou chuť!

Anasazi fazole a zeleninový guláš

(Připraveno asi za 1 hodinu | 3 porce)

Na porci: Kalorie: 444; Tuk: 15,8g; Sacharidy: 58,2 g; Bílkoviny: 20,2 g

přísad

1 šálek fazolí Anasazi, namočených přes noc a scezených

3 šálky pečeného zeleninového vývaru

1 bobkový list

1 snítka tymiánu, nasekaná

1 snítka nasekaného rozmarýnu

3 lžíce olivového oleje

1 velká cibule, nakrájená

2 řapíkatý celer, nakrájený

2 mrkve, nakrájené

2 papriky, zbavené semínek a nakrájené

1 zelená chilli paprička, zbavená semínek a nakrájená

2 stroužky česneku, nasekané

Mořská sůl a mletý černý pepř, podle chuti

1 lžička kajenského pepře

1 lžička papriky

Indikace

V hrnci přiveďte k varu fazole Anasazi a vývar. Jakmile se vaří, přiveďte teplo k varu. Přidejte bobkový list, tymián a rozmarýn; vaříme asi 50 minut nebo do měkka.

Mezitím v hrnci se silným dnem rozehřejte olivový olej na středně vysokou teplotu. V tomto okamžiku smažte cibuli, celer, mrkev a papriku asi 4 minuty, dokud nezměknou.

Přidejte česnek a pokračujte v restování dalších 30 sekund nebo dokud nebude aromatická.

Směs restovanou přidejte k uvařeným fazolím. Dochuťte solí, černým pepřem, kajenským pepřem a paprikou.

Pokračujte ve vaření na mírném ohni za občasného míchání dalších 10 minut nebo dokud není vše propečené. Dobrou chuť!

Snadná a vydatná Shakshuka

(Připraveno asi za 50 minut | 4 porce)

Na porci: Kalorie: 324; Tuk: 11,2 g; Sacharidy: 42,2g; Bílkoviny: 15,8 g

přísad

- 2 lžíce olivového oleje
- 1 nakrájená cibule
- 2 nakrájené papriky
- 1 poblano chile, nakrájené
- 2 stroužky česneku, nasekané
- 2 rajčata, pyré
- Mořská sůl a černý pepř, podle chuti
- 1 lžička sušené bazalky
- 1 lžička vloček červené papriky
- 1 lžička papriky

2 bobkové listy

1 hrnek cizrny, přes noc namočené, propláchnuté a scezené

3 šálky zeleninového vývaru

2 lžíce čerstvého koriandru, hrubě nasekaného

Indikace

V hrnci na středním plameni rozehřejte olivový olej. Jakmile jsou horké, vařte cibuli, papriku a česnek asi 4 minuty, dokud nebudou měkké a voňavé.

Přidejte rajčatový protlak, mořskou sůl, černý pepř, bazalku, chilli papričku, papriku a bobkové listy.

Přiveďte k varu a přidejte cizrnu a zeleninový vývar. Vařte 45 minut nebo do změknutí.

Ochutnejte a upravte ingredience. Nalijte shakshuku do jednotlivých misek a podávejte ozdobené čerstvým koriandrem. Dobrou chuť!

staromódní chilli

(Připraveno asi za 1 hodinu a 30 minut | 4 porce)

Na porci: Kalorie: 514; Tuk: 16,4g; Sacharidy: 72 g; Bílkoviny: 25,8 g

přísad

3/4 libry fazolí, namočených přes noc

2 lžíce olivového oleje

1 nakrájená cibule

2 nakrájené papriky

1 červená chilli papričce, nakrájená

2 celerové tyčinky, nakrájené

2 stroužky česneku, nasekané

2 bobkové listy

1 lžička mletého kmínu

1 lžička tymiánu, nasekaného

1 lžička zrnek černého pepře

20 uncí drcených rajčat

2 šálky zeleninového vývaru

1 lžička uzené papriky

mořská sůl, podle chuti

2 lžíce čerstvého koriandru, nasekaného

1 avokádo, vypeckované, oloupané a nakrájené na plátky

Indikace

Namočené fazole zalijte čerstvou studenou vodou a přiveďte k varu. Vařte asi 10 minut. Přiveďte teplo k varu a pokračujte ve vaření po dobu 50–55 minut nebo do změknutí.

V hrnci se silným dnem rozehřejte na středním plameni olivový olej. Po rozehřátí orestujte cibuli, papriku a celer.

Smažte česnek, bobkové listy, mletý kmín, tymián a kuličky černého pepře asi 1 minutu.

Přidejte nakrájená rajčata, zeleninový vývar, papriku, sůl a uvařené fazole. Nechte vařit za občasného míchání 25–30 minut nebo do vaření.

Podávejte ozdobené čerstvým koriandrem a avokádem. Dobrou chuť!

Jednoduchý salát z červené čočky

(Připraveno asi za 20 minut + rychlé zchlazení | 3 porce)

Na porci: Kalorie: 295; Tuk: 18,8 g; Sacharidy: 25,2g; Bílkoviny: 8,5 g

přísad

1/2 šálku červené čočky, přes noc namočené a scezené

1 ½ šálku vody

1 snítka rozmarýnu

1 bobkový list

1 šálek hroznových rajčat, rozpůlených

1 okurka, nakrájená na tenké plátky

1 paprika, nakrájená na tenké plátky

1 stroužek česneku, nasekaný

1 cibule, nakrájená na tenké plátky

2 lžíce čerstvé citronové šťávy

4 lžíce olivového oleje

Mořská sůl a mletý černý pepř, podle chuti

Indikace

Přidejte červenou čočku, vodu, rozmarýn a bobkový list do hrnce a přiveďte k varu na vysoké teplotě. Poté přiveďte teplo k varu a pokračujte ve vaření po dobu 20 minut nebo do změknutí.

Čočku dáme do salátové mísy a necháme úplně vychladnout.

Přidejte ostatní ingredience a promíchejte, aby se dobře promíchaly. Podávejte při pokojové teplotě nebo velmi studené.

Dobrou chuť!

Cizrnový salát ze Středomoří

(Připraveno asi za 40 minut + rychlé zchlazení | 4 porce)

Na porci: Kalorie: 468; Tuk: 12,5g; Sacharidy: 73 g; Bílkoviny: 21,8 g

přísad

2 šálky cizrny, přes noc namočené a scezené

1 perská okurka, nakrájená na plátky

1 šálek cherry rajčat, napůl

1 červená paprika, zbavená semínek a nakrájená na plátky

1 zelená paprika, zbavená semínek a nakrájená na plátky

1 lžička plněné hořčice

1 lžička semínek koriandru

1 lžička jalapeňského pepře, mletého

1 lžíce čerstvé citronové šťávy

1 lžíce balzamikového octa

1/4 šálku extra panenského olivového oleje

Mořská sůl a mletý černý pepř, podle chuti

2 lžíce čerstvého koriandru, nasekaného

2 lžíce oliv Kalamata, zbavených pecek a nakrájených na plátky

Indikace

Vložte cizrnu do hrnce; zakryjte cizrnu vodou o 2 palce. Přiveďte k varu.

Okamžitě přiveďte teplo k varu a pokračujte ve vaření asi 40 minut nebo do změknutí.

Přendejte cizrnu do salátové mísy. Přidejte ostatní ingredience a promíchejte, aby se dobře promíchaly. Dobrou chuť!

Tradiční toskánský fazolový guláš (Ribollita)

(Připraveno asi za 25 minut | 5 porcí)

Na porci: Kalorie: 388; Tuk: 10,3 g; Sacharidy: 57,3 g; Bílkoviny: 19,5 g

přísad

3 lžíce olivového oleje

1 střední pórek, nakrájený

1 celer s listy, nakrájený

1 cuketa, nakrájená na kostičky

1 italská paprika, nakrájená na plátky

3 stroužky česneku, rozdrcené

2 bobkové listy

Košer sůl a mletý černý pepř podle chuti

1 lžička kajenského pepře

1 (28 uncí) plechovka drcených rajčat

2 šálky zeleninového vývaru

2 (15 oz) plechovky Velké severní fazole, okapané

2 šálky kapusty, nakrájené na kousky

1 šálek krutonů

Indikace

V hrnci se silným dnem rozehřejte na středním plameni olivový olej. Po rozehřátí orestujte pórek, celer, cuketu a papriku asi 4 minuty.

Česnek a bobkové listy opékejte asi 1 minutu.

Přidejte koření, rajčata, vývar a fazole z konzervy. Vařte na mírném ohni za občasného míchání asi 15 minut nebo do vaření.

Přidejte zelí a pokračujte ve vaření za občasného míchání po dobu 4 minut.

Podáváme ozdobené krutony. Dobrou chuť!

Směs čočky beluga a zeleniny

(Připraveno asi za 25 minut | 5 porcí)

Na porci: Kalorie: 382; Tuk: 9,3 g; Sacharidy: 59 g; Bílkoviny: 17,2 g

přísad

3 lžíce olivového oleje

1 nakrájená cibule

2 papriky, zbavené semínek a nakrájené

1 mrkev, oloupaná a nakrájená

1 pastinák, oloupaný a nakrájený

1 lžička mletého zázvoru

2 stroužky česneku, nasekané

Mořská sůl a mletý černý pepř, podle chuti

1 velká cuketa, nakrájená na kostičky

1 šálek rajčatové omáčky

1 hrnek zeleninového vývaru

1 ½ šálku čočky beluga, přes noc namočené a scezené

2 šálky mangoldu

Indikace

V holandské troubě rozehřejte olivový olej, dokud nezačne prskat. Nyní smažte cibuli, papriku, mrkev a pastinák do měkka.

Přidejte zázvor a česnek a pokračujte v restování dalších 30 sekund.

Nyní přidejte sůl, černý pepř, cuketu, rajčatovou omáčku, zeleninový vývar a čočku; necháme asi 20 minut provařit, dokud není vše dobře propečené.

Přidejte švýcarský mangold; zakryjte a vařte dalších 5 minut. Dobrou chuť!

Mexické cizrnové taco mísy

(Připraveno asi za 15 minut | 4 porce)

Na porci: Kalorie: 409; Tuk: 13,5 g; Sacharidy: 61,3 g; Bílkoviny: 13,8 g

přísad

2 lžíce sezamového oleje

1 červená cibule, nakrájená

1 habanero chile, nakrájené

2 stroužky česneku, rozdrcené

2 papriky, zbavené semínek a nakrájené na kostičky

Mořská sůl a mletý černý pepř

1/2 lžičky mexického oregana

1 lžička mletého kmínu

2 zralá rajčata, pasírovaná

1 lžička hnědého cukru

16 uncí konzervované cizrny, scezené

4 moučné tortilly (8 palců)

2 lžíce čerstvého koriandru, hrubě nasekaného

Indikace

Ve velké pánvi rozehřejte sezamový olej na středně vysokou teplotu. Poté cibuli smažte 2 až 3 minuty nebo dokud nezměkne.

Přidejte papriku a česnek a pokračujte v restování po dobu 1 minuty nebo dokud nebudou voňavé.

Přidejte koření, rajčata a hnědý cukr a přiveďte k varu. Okamžitě přiveďte oheň k varu, přidejte konzervovanou cizrnu a vařte dalších 8 minut nebo dokud se neprohřeje.

Své tortilly opečte a upravte je s připravenou cizrnovou směsí.

Doplňte čerstvým koriandrem a ihned podávejte. Dobrou chuť!

Od indického Makhaniho

(Připraveno asi za 20 minut | 6 porcí)

Na porci: Kalorie: 329; Tuk: 8,5 g; Sacharidy: 44,1g; Bílkoviny: 16,8 g

přísad

3 lžíce sezamového oleje

1 velká cibule, nakrájená

1 paprika, zbavená semínek a nakrájená

2 stroužky česneku, nasekané

1 lžíce zázvoru, strouhaného

2 zelené chilli papričky, zbavené semínek a nakrájené

1 lžička semínek kmínu

1 bobkový list

1 lžička prášku z kurkumy

1/4 lžičky červené papriky

1/4 lžičky mletého nového koření

1/2 lžičky garam masala

1 šálek rajčatové omáčky

4 šálky zeleninového vývaru

1 ½ šálku černé čočky, namočené přes noc a okapané

4-5 kari listů, na ozdobu h

Indikace

V hrnci rozehřejte sezamový olej na středně vysokou teplotu; nyní smažte cibuli a papriku další 3 minuty, dokud nezměknou.

Přidejte česnek, zázvor, zelené chilli, kmín a bobkový list; pokračujte v restování za častého míchání po dobu 1 minuty nebo dokud nezavoní.

Smíchejte ostatní ingredience kromě kari listů. Nyní přiveďte teplo k varu. Pokračujte ve vaření dalších 15 minut nebo do úplného vaření.

Ozdobte kari listy a podávejte horké!

Miska na fazole v mexickém stylu

(Připraveno asi za 1 hodinu + rychlé zchlazení | 6 porcí)

Na porci: Kalorie: 465; Tuky: 17,9 g; Sacharidy: 60,4g; Bílkoviny: 20,2 g

přísad

1 libra fazolí, přes noc namočená a scezená

1 šálek konzervovaných kukuřičných zrn, okapaných

2 pečené papriky, nakrájené na plátky

1 červená paprika, jemně nasekaná

1 šálek cherry rajčat, napůl

1 červená cibule, nakrájená

1/4 šálku čerstvého koriandru, nasekaného

1/4 šálku čerstvé petrželky, nasekané

1 lžička mexického oregana

1/4 šálku červeného vinného octa

2 lžíce čerstvé citronové šťávy

1/3 šálku extra panenského olivového oleje

Mletá mořská a černá sůl podle chuti

1 avokádo, oloupané, vypeckované a nakrájené na plátky

Indikace

Namočené fazole zalijte čerstvou studenou vodou a přiveďte k varu. Vařte asi 10 minut. Přiveďte teplo k varu a pokračujte ve vaření po dobu 50–55 minut nebo do změknutí.

Nechte fazole úplně vychladnout a poté přendejte do salátové mísy.

Přidejte ostatní ingredience a promíchejte, aby se dobře promíchaly. Podávejte při pokojové teplotě.

Dobrou chuť!

Klasická italská Minestrone

(Připraveno asi za 30 minut | 5 porcí)

Na porci: Kalorie: 305; Tuk: 8,6 g; Sacharidy: 45,1g; Bílkoviny: 14,2 g

přísad

2 lžíce olivového oleje

1 velká cibule, nakrájená

2 mrkve, nakrájené na plátky

4 stroužky česneku, nasekané

1 šálek loketních těstovin

5 šálků zeleninového vývaru

1 sklenice námořnických fazolí o objemu 15 uncí, okapaná

1 velká cuketa, nakrájená na kostičky

1 (28 uncí) plechovka drcených rajčat

1 lžíce nasekaných čerstvých listů oregana

1 lžíce nasekaných lístků čerstvé bazalky

1 lžíce čerstvé italské petrželky, nasekané

Indikace

V holandské troubě rozehřejte olivový olej, dokud nezačne prskat. Nyní smažte cibuli a mrkev do měkka.

Přidejte česnek, nevařené těstoviny a vývar; necháme asi 15 minut povařit.

Smíchejte fazole, cuketu, rajčata a bylinky. Pokračujte ve vaření zakryté asi 10 minut, dokud není vše propečené.

Pokud chcete, ozdobte dalšími bylinkami. Dobrou chuť!

Guláš ze zelené čočky se zelím

(Připraveno asi za 30 minut | 5 porcí)

Na porci: Kalorie: 415; Tuk: 6,6 g; Sacharidy: 71g; Bílkoviny: 18,4 g

přísad

2 lžíce olivového oleje

1 nakrájená cibule

2 sladké brambory, oloupané a nakrájené na kostičky

1 paprika, nakrájená

2 mrkve, nakrájené

1 pastinák, nasekaný

1 celer, nakrájený

2 stroužky česneku

1 ½ šálku zelené čočky

1 polévková lžíce směsi italských bylinek

1 šálek rajčatové omáčky

5 šálků zeleninového vývaru

1 šálek mražené kukuřice

1 šálek zelí, nakrájené na kousky

Indikace

V holandské troubě rozehřejte olivový olej, dokud nezačne prskat. Nyní orestujte cibuli, batáty, papriku, mrkev, pastinák a celer, dokud nezměknou.

Přidejte česnek a pokračujte v restování dalších 30 sekund.

Nyní přidejte zelenou čočku, směs italských bylinek, rajčatovou omáčku a zeleninový vývar; necháme asi 20 minut provařit, dokud není vše dobře propečené.

Přidejte mraženou kukuřici a zelí; zakryjte a vařte dalších 5 minut. Dobrou chuť!

Zahradní zeleninová směs z cizrny

(Připraveno asi za 30 minut | 4 porce)

Na porci: Kalorie: 369; Tuk: 18,1 g; Sacharidy: 43,5g; Bílkoviny: 13,2 g

přísad

2 lžíce olivového oleje

1 cibule, nakrájená nadrobno

1 paprika, nakrájená

1 fenykl, nakrájený

3 stroužky česneku, nasekané

2 zralá rajčata, pasírovaná

2 lžíce čerstvé petrželky, hrubě nasekané

2 lžíce čerstvé bazalky, hrubě nasekané

2 lžíce čerstvého koriandru, hrubě nasekaného

2 šálky zeleninového vývaru

14 uncí konzervované cizrny, scezené

Košer sůl a mletý černý pepř podle chuti

1/2 lžičky kajenského pepře

1 lžička papriky

1 avokádo, oloupané a nakrájené na plátky

Indikace

V hrnci se silným dnem rozehřejte na středním plameni olivový olej. Po rozehřátí opékejte cibuli, papriku a fenykl asi 4 minuty.

Česnek restujte asi 1 minutu nebo dokud nebude aromatický.

Přidejte rajčata, čerstvé bylinky, vývar, cizrnu, sůl, černý pepř, kajenský pepř a papriku. Vařte na mírném ohni za občasného míchání asi 20 minut nebo dokud nebude uvařená.

Ochutnejte a upravte koření. Podávejte ozdobené plátky čerstvého avokáda. Dobrou chuť!

Pikantní fazolový dip

(Připraveno asi za 30 minut | 10 porcí)

Na porci: Kalorie: 175; Tuk: 4,7 g; Sacharidy: 24,9g; Bílkoviny: 8,8 g

přísad

2 (15 oz) plechovky Velké severní fazole, okapané

2 lžíce olivového oleje

2 lžíce omáčky Sriracha

2 polévkové lžíce výživného droždí

4 unce veganského smetanového sýra

1/2 lžičky papriky

1/2 lžičky kajenského pepře

1/2 lžičky mletého kmínu

Mořská sůl a mletý černý pepř, podle chuti

4 unce tortilla chipsů

Indikace

Začněte předehřátím trouby na 360 stupňů F.

Všechny ingredience kromě tortillových lupínků rozmixujte v kuchyňském robotu, dokud nedosáhnete požadované konzistence.

Vařte omáčku v předehřáté troubě asi 25 minut nebo dokud nebude horká.

Podávejte s tortilla chipsy a vychutnejte si jídlo!

Čínský sójový salát

(Připraveno asi za 10 minut | 4 porce)

Na porci: Kalorie: 265; Tuky: 13,7 g; Sacharidy: 21g; Bílkoviny: 18 g

přísad

1 plechovka (15 uncí) sójových bobů, okapaná

1 šálek rukoly

1 šálek baby špenátu

1 šálek kapusty, nastrouhané

1 cibule, nakrájená na tenké plátky

1/2 lžičky mletého česneku

1 lžička mletého zázvoru

1/2 lžičky plněné hořčice

2 lžíce sojové omáčky

1 lžíce rýžového octa

1 lžíce limetkové šťávy

2 lžíce tahini

1 lžička agávového sirupu

Indikace

Vložte sójové boby, rukolu, špenát, zelí a cibuli do salátové mísy; míchat, aby odpovídaly.

V malé servírovací misce prošlehejte zbývající ingredience na zálivku.

Ozdobte salát a ihned podávejte. Dobrou chuť!

Staromódní zeleninový a čočkový guláš

(Připraveno asi za 25 minut | 5 porcí)

Na porci: Kalorie: 475; Tuky: 17,3 g; Sacharidy: 61,4 g; Bílkoviny: 23,7 g

přísad

3 lžíce olivového oleje

1 velká cibule, nakrájená

1 mrkev, nakrájená

1 paprika, nakrájená na kostičky

1 habanero chile, nakrájené

3 stroužky česneku, nasekané

Košer sůl a černý pepř podle chuti

1 lžička mletého kmínu

1 lžička uzené papriky

1 (28 uncí) plechovka drcených rajčat

2 lžíce rajčatové omáčky

4 šálky zeleninového vývaru

3/4 libry sušené červené čočky, přes noc namočené a scezené

1 avokádo, nakrájené na plátky

Indikace

V hrnci se silným dnem rozehřejte na středním plameni olivový olej. Po rozehřátí opékejte cibuli, mrkev a papriku asi 4 minuty.

Česnek restujte asi 1 minutu.

Přidejte koření, rajčata, kečup, vývar a čočku z konzervy. Vařte na mírném ohni za občasného míchání asi 20 minut nebo dokud nebude uvařená.

Podávejte ozdobené plátky avokáda. Dobrou chuť!

Indická Chana Masala

(Připraveno asi za 15 minut | 4 porce)

Na porci: Kalorie: 305; Tuk: 17,1 g; Sacharidy: 30,1g; Bílkoviny: 9,4 g

přísad

1 šálek rajčat, pyré

1 kašmírová paprika, nakrájená

1 velká šalotka, nakrájená

1 lžička čerstvého zázvoru, oloupaného a nastrouhaného

4 lžíce olivového oleje

2 stroužky česneku, nasekané

1 lžička semínek koriandru

1 lžička garam masala

1/2 lžičky prášku z kurkumy

Mořská sůl a mletý černý pepř, podle chuti

1/2 hrnku zeleninového vývaru

16 uncí konzervované cizrny

1 lžíce čerstvé citronové šťávy

Indikace

V mixéru nebo kuchyňském robotu rozmixujte rajčata, kašmírský pepř, jarní cibulku a zázvor na pastu.

V hrnci rozehřejte olivový olej na středním plameni. Po rozehřátí vařte připravené těstoviny a česnek asi 2 minuty.

Přidejte zbývající koření, vývar a cizrnu. Přiveďte teplo k varu. Pokračujte ve vaření na mírném ohni dalších 8 minut nebo dokud nebude uvařená.

Vypadni z ohně. Každou porci pokapejte čerstvou citronovou šťávou. Dobrou chuť!

paštika z červených fazolí

(Připraveno asi za 10 minut | 8 porcí)

Na porci: Kalorie: 135; Tuk: 12,1 g; Sacharidy: 4,4 g; Bílkoviny: 1,6 g

přísad

2 lžíce olivového oleje

1 nakrájená cibule

1 paprika, nakrájená

2 stroužky česneku, nasekané

2 šálky fazolí, uvařených a scezených

1/4 šálku olivového oleje

1 lžička kamenné mleté hořčice

2 lžíce čerstvé petrželky, nasekané

2 lžíce čerstvé bazalky, nasekané

Mořská sůl a mletý černý pepř, podle chuti

Indikace

V hrnci rozehřejte olivový olej na středně vysokou teplotu. Nyní vařte cibuli, papriku a česnek do měkka nebo asi 3 minuty.

Přidejte restovanou směs do mixéru; přidáme ostatní ingredience. Smíchejte přísady v mixéru nebo kuchyňském robotu, dokud nebudou hladké a krémové.

Dobrou chuť!

Mísa hnědé čočky

(Připraveno asi za 20 minut + rychlé zchlazení | 4 porce)

Na porci: Kalorie: 452; Tuk: 16,6g; Sacharidy: 61,7 g; Bílkoviny: 16,4 g

přísad

1 hrnek hnědé čočky, přes noc namočené a scezené

3 šálky vody

2 šálky hnědé rýže, vařené

1 cuketa, nakrájená na kostičky

1 červená cibule, nakrájená

1 lžička mletého česneku

1 okurka, nakrájená na plátky

1 paprika, nakrájená na plátky

4 lžíce olivového oleje

1 lžíce rýžového octa

2 lžíce citronové šťávy

2 lžíce sojové omáčky

1/2 lžičky sušeného oregana

1/2 lžičky mletého kmínu

Mořská sůl a mletý černý pepř, podle chuti

2 šálky rukoly

2 šálky římského salátu, nakrájeného

Indikace

Přidejte hnědou čočku a vodu do hrnce a přiveďte k varu na vysoké teplotě. Poté přiveďte teplo k varu a pokračujte ve vaření po dobu 20 minut nebo do změknutí.

Čočku dáme do salátové mísy a necháme úplně vychladnout.

Přidejte ostatní ingredience a promíchejte, aby se dobře promíchaly. Podávejte při pokojové teplotě nebo velmi studené. Dobrou chuť!

Horká a pikantní fazolová polévka Anasazi

(Připraveno asi za 1 hodinu a 10 minut | 5 porcí)

Na porci: Kalorie: 352; Tuk: 8,5 g; Sacharidy: 50,1g; Bílkoviny: 19,7 g

přísad

2 šálky fazolí Anasazi, přes noc namočené, scezené a propláchnuté

8 šálků vody

2 bobkové listy

3 lžíce olivového oleje

2 střední cibule, nakrájené

2 nakrájené papriky

1 habanero chile, nakrájené

3 stroužky česneku, vymačkané nebo nasekané

Mořská sůl a mletý černý pepř, podle chuti

Indikace

V hrnci přiveďte k varu fazole Anasazi a vodu. Jakmile se vaří, přiveďte teplo k varu. Přidejte bobkové listy a vařte asi 1 hodinu nebo dokud nezměknou.

Mezitím v hrnci se silným dnem rozehřejte olivový olej na středně vysokou teplotu. Nyní smažte cibuli, papriku a česnek asi 4 minuty, dokud nezměknou.

Směs restovanou přidejte k uvařeným fazolím. Dochuťte solí a černým pepřem.

Pokračujte ve vaření na mírném ohni za občasného míchání dalších 10 minut nebo dokud není vše propečené. Dobrou chuť!

Caritas fazolový salát (Ñebbe)

(Připraveno asi za 1 hodinu | 5 porcí)

Na porci: Kalorie: 471; Tuk: 17,5g; Sacharidy: 61,5g; Bílkoviny: 20,6 g

přísad

2 šálky sušeného hrášku, přes noc namočené a scezené

2 lžíce bazalkových listů, nasekaných

2 lžíce nasekané petrželové natě

1 šalotka, nakrájená

1 okurka, nakrájená na plátky

2 papriky, zbavené semínek a nakrájené na kostičky

1 skotská paprika zbavená semínek a nakrájená nadrobno

1 šálek cherry rajčat, nakrájených na čtvrtky

Mořská sůl a mletý černý pepř, podle chuti

2 lžíce čerstvé citronové šťávy

1 lžíce jablečného octa

1/4 šálku extra panenského olivového oleje

1 avokádo, oloupané, vypeckované a nakrájené na plátky

Indikace

Hrášek zakryjte vodou 2 palce a přiveďte k mírnému varu. Vařte asi 15 minut.

Poté přiveďte oheň k varu asi 45 minut. Necháme úplně vychladnout.

Vložte hrášek s okem do salátové mísy. Přidejte bazalku, petržel, šalotku, okurku, papriku, cherry rajčata, sůl a černý pepř.

V misce smíchejte limetkovou šťávu, ocet a olivový olej.

Salát oblečte, ozdobte čerstvým avokádem a ihned podávejte. Dobrou chuť!

Mamino slavné chilli

(Připraveno asi za 1 hodinu a 30 minut | 5 porcí)

Na porci: Kalorie: 455; Tuk: 10,5 g; Sacharidy: 68,6 g; Bílkoviny: 24,7 g

přísad

1 libra červených černých fazolí, namočených přes noc a scezených

3 lžíce olivového oleje

1 velká červená cibule, nakrájená na kostičky

2 papriky, nakrájené na kostičky

1 poblano chile, nakrájené

1 velká mrkev, oloupaná a nakrájená na kostičky

2 stroužky česneku, nasekané

2 bobkové listy

1 lžička smíchaných kuliček pepře

Košer sůl a kajenský pepř podle chuti

1 lžička papriky

2 zralá rajčata, pasírovaná

2 lžíce rajčatové omáčky

3 šálky zeleninového vývaru

Indikace

Namočené fazole zalijte čerstvou studenou vodou a přiveďte k varu. Vařte asi 10 minut. Přiveďte teplo k varu a pokračujte ve vaření po dobu 50–55 minut nebo do změknutí.

V hrnci se silným dnem rozehřejte na středním plameni olivový olej. Po rozehřátí orestujte cibuli, papriku a mrkev.

Česnek restujte asi 30 sekund nebo dokud nebude aromatický.

Přidejte ostatní ingredience spolu s uvařenými fazolemi. Nechte vařit za občasného míchání 25–30 minut nebo do vaření.

Vyjměte bobkové listy, nalijte do jednotlivých misek a podávejte horké!

Cizrnový salát s piniovým krémem

(Připraveno asi za 10 minut | 4 porce)

Na porci: Kalorie: 386; Tuk: 22,5 g; Sacharidy: 37,2g; Bílkoviny: 12,9 g

přísad

16 uncí konzervované cizrny, scezené

1 lžička mletého česneku

1 šalotka, nakrájená

1 šálek cherry rajčat, napůl

1 paprika, zbavená semínek a nakrájená na plátky

1/4 šálku čerstvé bazalky, nasekané

1/4 šálku čerstvé petrželky, nasekané

1/2 šálku veganské majonézy

1 lžíce citronové šťávy

1 lžička kapar, okapaných

Mořská sůl a mletý černý pepř, podle chuti

2 unce piniových oříšků

Indikace

Vložte cizrnu, zeleninu a bylinky do salátové mísy.

Přidejte majonézu, citronovou šťávu, kapary, sůl a černý pepř. Míchejte, aby se spojily.

Doplňte piniovými oříšky a ihned podávejte. Dobrou chuť!

Buddha Mísa černých Fazolí

(Připraveno asi za 1 hodinu | 4 porce)

Na porci: Kalorie: 365; Tuk: 14,1g; Sacharidy: 45,6g; Bílkoviny: 15,5 g

přísad

1/2 libry černých fazolí, přes noc namočené a scezené

2 šálky hnědé rýže, vařené

1 střední cibule, nakrájená na tenké plátky

1 šálek papriky, zbavené semínek a nakrájené na plátky

1 paprička jalapeno, zbavená semínek a nakrájená na plátky

2 stroužky česneku, nasekané

1 šálek rukoly

1 šálek baby špenátu

1 lžička limetkové kůry

1 lžíce dijonské hořčice

1/4 šálku červeného vinného octa

1/4 šálku extra panenského olivového oleje

2 lžíce agávového sirupu

Drobená mořská sůl a mletý černý pepř podle chuti

1/4 šálku čerstvé italské petrželky, hrubě nasekané

Indikace

Namočené fazole zalijte čerstvou studenou vodou a přiveďte k varu. Vařte asi 10 minut. Přiveďte teplo k varu a pokračujte ve vaření po dobu 50–55 minut nebo do změknutí.

Pro podávání rozdělte fazole a rýži do servírovacích misek; zakryjeme zeleninou.

V malé servírovací misce opatrně smíchejte limetkovou kůru, hořčici, ocet, olivový olej, agávový sirup, sůl a pepř. Salát pokapejte vinaigrette.

Ozdobte čerstvou italskou petrželkou. Dobrou chuť!

Cizrna dušená na Středním východě

(Připraveno asi za 20 minut | 4 porce)

Na porci: Kalorie: 305; Tuk: 11,2 g; Sacharidy: 38,6g; Bílkoviny: 12,7 g

přísad

1 nakrájená cibule

1 nakrájená červená paprika

2 stroužky česneku, nasekané

1 lžička hořčičných semínek

1 lžička semínek koriandru

1 bobkový list

1/2 šálku rajčatového protlaku

2 lžíce olivového oleje

1 celer s listy, nakrájený

2 střední mrkve, oloupané a nakrájené

2 šálky zeleninového vývaru

1 lžička mletého kmínu

1 malá tyčinka skořice

16 uncí konzervované cizrny, scezené

2 šálky mangoldu nakrájeného na kousky

Indikace

V mixéru nebo kuchyňském robotu rozmixujte cibuli, chilli, česnek, hořčičná semínka, koriandrová semínka, bobkový list a rajčatový protlak do hladka.

V hrnci rozehřejte olivový olej, dokud nezačne prskat. V tuto chvíli vařte celer a mrkev asi 3 minuty nebo do změknutí. Přidejte těstoviny a pokračujte ve vaření další 2 minuty.

Poté přidejte zeleninový vývar, kmín, skořici a cizrnu; dejte to na nízkou teplotu.

Zapněte oheň a vařte 6 minut; přidejte mangold a pokračujte ve vaření dalších 4-5 minut nebo dokud listy nezvadnou. Podávejte teplé a vychutnejte si jídlo!

Čočka A Rajčatová Omáčka

(Připraveno asi za 10 minut | 8 porcí)

Na porci: Kalorie: 144; Tuk: 4,5 g; Sacharidy: 20,2g; Bílkoviny: 8,1 g

přísad

16 uncí čočky, uvařené a scezené

4 lžíce sušených rajčat, nakrájených

1 šálek rajčatové pasty

4 lžíce tahini

1 lžička kamenné mleté hořčice

1 lžička mletého kmínu

1/4 lžičky mletého bobkového listu

1 lžička vloček červené papriky

Mořská sůl a mletý černý pepř, podle chuti

Indikace

Smíchejte všechny přísady v mixéru nebo kuchyňském robotu, dokud nedosáhnete požadované konzistence.

Nechte v chladu, dokud nebudete připraveni k podávání.

Podávejte s opečenými pita plátky nebo zeleninovými tyčinkami.
Na dobrý čas!

Hrachový krémový salát

(Připraveno asi za 10 minut + rychlé zchlazení | 6 porcí)

Na porci: Kalorie: 154; Tuk: 6,7 g; Sacharidy: 17,3g; Bílkoviny: 6,9 g

přísad

2 (14,5 unce) konzervy hrášku, okapané

1/2 šálku veganské majonézy

1 lžička dijonské hořčice

2 lžíce šalotky, nakrájené

2 okurky, nakrájené

1/2 šálku marinovaných hub, nakrájených a okapaných

1/2 lžičky mletého česneku

Mořská sůl a mletý černý pepř, podle chuti

Indikace

Všechny ingredience dejte do salátové mísy. Jemně promíchejte, aby se spojily.

Salát chlaďte, dokud není připraven k podávání.

Dobrou chuť!

Za'atarský hummus z Blízkého východu

(Připraveno asi za 10 minut | 8 porcí)

Na porci: Kalorie: 140; Tuk: 8,5 g; Sacharidy: 12,4g; Bílkoviny: 4,6 g

přísad

10 uncí cizrny, uvařené a scezené

1/4 šálku tahini

2 lžíce extra panenského olivového oleje

2 lžíce sušených rajčat, nakrájených

1 citron, čerstvě vymačkaný

2 stroužky česneku, nasekané

Košer sůl a mletý černý pepř podle chuti

1/2 lžičky uzené papriky

1 lžička Za'atar

Indikace

Všechny ingredience rozmixujte v kuchyňském robotu, dokud nebudou hladké a hladké.

Nechte v chladu, dokud nebudete připraveni k podávání.

Dobrou chuť!

Čočkový salát s piniovými oříšky

(Připraveno asi za 20 minut + rychlé zchlazení | 3 porce)

Na porci: Kalorie: 332; Tuk: 19,7 g; Sacharidy: 28,2g; Bílkoviny: 12,2 g

přísad

1/2 šálku hnědé čočky

1 ½ šálku zeleninového vývaru

1 mrkev, nakrájíme na tyčinky

1 malá cibule, nakrájená

1 okurka, nakrájená na plátky

2 stroužky česneku, nasekané

3 lžíce extra panenského olivového oleje

1 lžíce červeného vinného octa

2 lžíce citronové šťávy

2 lžíce nasekané bazalky

2 lžíce nasekané petrželky

2 lžíce pažitky, nasekané

Mořská sůl a mletý černý pepř, podle chuti

2 lžíce piniových oříšků, hrubě nasekaných

Indikace

Přidejte hnědou čočku a zeleninový vývar do hrnce a přiveďte k varu na silném ohni. Poté přiveďte teplo k varu a pokračujte ve vaření po dobu 20 minut nebo do změknutí.

Čočku dejte do salátové mísy.

Přidejte zeleninu a vařte, aby se dobře promíchala. V misce smíchejte olej, ocet, citronovou šťávu, bazalku, petrželku, pažitku, sůl a černý pepř.

Salát okořeňte, ozdobte piniovými oříšky a podávejte při pokojové teplotě. Dobrou chuť!

Horký fazolový salát Anasazi

(Připraveno asi za 1 hodinu | 5 porcí)

Na porci: Kalorie: 482; Tuk: 23,1 g; Sacharidy: 54,2 g; Bílkoviny: 17,2 g

přísad

- 2 šálky fazolí Anasazi, přes noc namočené, scezené a propláchnuté
- 6 šálků vody
- 1 poblano chile, nakrájené
- 1 nakrájená cibule
- 1 šálek cherry rajčat, napůl
- 2 šálky míchané zeleniny, nakrájené na kousky

Obléknout se:

- 1 lžička mletého česneku
- 1/2 šálku extra panenského olivového oleje

1 lžíce citronové šťávy

2 lžíce červeného vinného octa

1 lžíce kamenné mleté hořčice

1 lžíce sójové omáčky

1/2 lžičky sušeného oregana

1/2 lžičky sušené bazalky

Mořská sůl a mletý černý pepř podle chuti a

Indikace

V hrnci přiveďte fazole Anasazi a vodu k varu. Jakmile se vaří, přiveďte oheň k varu a vařte asi 1 hodinu nebo do měkka.

Uvařené fazole sceďte a vložte do salátové mísy; ostatní ingredience přidáme do salátu.

Poté v malé misce prošlehejte všechny ingredience na zálivku, dokud se dobře nespojí. Salát okoříme a promícháme. Podávejte při pokojové teplotě a vychutnejte si jídlo!

Tradiční guláš Mnazaleh

(Připraveno asi za 25 minut | 4 porce)

Na porci: Kalorie: 439; Tuky: 24 g; Sacharidy: 44,9 g; Bílkoviny: 13,5 g

přísad

- 4 lžíce olivového oleje
- 1 nakrájená cibule
- 1 velký lilek, oloupaný a nakrájený na kostičky
- 1 šálek mrkve, nakrájené
- 2 stroužky česneku, nasekané
- 2 velká rajčata, pasírovaná
- 1 lžička koření baharat
- 2 šálky zeleninového vývaru
- 14 uncí konzervované cizrny, scezené
- Košer sůl a mletý černý pepř podle chuti

1 střední avokádo, vypeckované, oloupané a nakrájené na plátky

Indikace

V hrnci se silným dnem rozehřejte na středním plameni olivový olej. Po rozehřátí opékejte cibuli, lilek a mrkev asi 4 minuty.

Česnek restujte asi 1 minutu nebo dokud nebude aromatický.

Přidejte rajčata, zálivku Baharat, vývar a konzervovanou cizrnu. Vařte na mírném ohni za občasného míchání asi 20 minut nebo dokud nebude uvařená.

Okořeňte solí a pepřem. Podávejte ozdobené plátky čerstvého avokáda. Dobrou chuť!

Pomazánka z červené čočky s pepřem

(Připraveno asi za 25 minut | 9 porcí)

Na porci: Kalorie: 193; Tuk: 8,5 g; Sacharidy: 22,3g; Bílkoviny: 8,5 g

přísad

1 ½ šálku červené čočky, namočené přes noc a okapané

4 ½ šálků vody

1 snítka rozmarýnu

2 bobkové listy

2 pečené papriky, zbavené semínek a nakrájené na kostičky

1 šalotka, nakrájená

2 stroužky česneku, nasekané

1/4 šálku olivového oleje

2 lžíce tahini

Mořská sůl a mletý černý pepř, podle chuti

Indikace

Přidejte červenou čočku, vodu, rozmarýn a bobkové listy do hrnce a přiveďte k varu na vysoké teplotě. Poté přiveďte teplo k varu a pokračujte ve vaření po dobu 20 minut nebo do změknutí.

Čočku dejte do kuchyňského robotu.

Přidejte ostatní ingredience a pracujte, dokud se vše dobře nespojí.

Dobrou chuť!

Kořeněný sněhový hrášek smažený ve woku

(Připraveno asi za 10 minut | 4 porce)

Na porci: Kalorie: 196; Tuk: 8,7 g; Sacharidy: 23g; Bílkoviny: 7,3 g

přísad

2 lžíce sezamového oleje

1 nakrájená cibule

1 mrkev, oloupaná a nakrájená

1 lžička zázvorovo-česnekové pasty

1 libra hrášku

Sečuánský pepř, podle chuti

1 lžička omáčky Sriracha

2 lžíce sojové omáčky

1 lžíce rýžového octa

Indikace

Ve woku rozehřejte sezamový olej, dokud nezačne prskat. Nyní smažte cibuli a mrkev po dobu 2 minut nebo do křupava.

Přidejte zázvorovo-česnekovou pastu a pokračujte ve vaření dalších 30 sekund.

Přidejte sněhový hrášek a vařte na vysoké teplotě asi 3 minuty, dokud se lehce neopeče.

Poté přidejte pepř, Srirachu, sójovou omáčku a rýžový ocet a restujte další minutu. Ihned podávejte a vychutnejte si jídlo!

Rychlé chilli každý den

(Připraveno asi za 35 minut | 5 porcí)

Na porci: Kalorie: 345; Tuk: 8,7 g; Sacharidy: 54,5g; Bílkoviny: 15,2 g

přísad

2 lžíce olivového oleje

1 velká cibule, nakrájená

1 celer s listy, oloupaný a nakrájený na kostičky

1 mrkev, oloupaná a nakrájená na kostičky

1 sladký brambor, oloupaný a nakrájený na kostičky

3 stroužky česneku, nasekané

1 paprička jalapeňo, mletá

1 lžička kajenského pepře

1 lžička semínek koriandru

1 lžička semínek fenyklu

1 lžička papriky

2 šálky dušených rajčat, drcených

2 lžíce rajčatové omáčky

2 lžičky granulí veganského bujónu

1 šálek vody

1 šálek smetany z cibule

2 libry konzervovaných fazolí pinto, okapaných

1 limetka, nakrájená na plátky

Indikace

V hrnci se silným dnem rozehřejte na středním plameni olivový olej. Jakmile jsou horké, smažte cibuli, celer, mrkev a batáty asi 4 minuty.

Smažte česnek a papričku jalapeno asi 1 minutu.

Přidejte koření, rajčata, rajčatovou omáčku, veganský bujónový granulát, vodu, smetanovou cibuli a fazole z konzervy. Vařte na mírném ohni za občasného míchání asi 30 minut nebo dokud nebude uvařená.

Podáváme ozdobené měsíčky limetky. Dobrou chuť!

Černooký krémový hráškový salát

(Připraveno asi za 1 hodinu | 5 porcí)

Na porci: Kalorie: 325; Tuk: 8,6 g; Sacharidy: 48,2g; Bílkoviny: 17,2 g

přísad

1 ½ šálku černookého hrášku, přes noc namočeného a scezeného

4 stonky šalotky, nakrájené na plátky

1 mrkev, julienned

1 šálek kapusty, nastrouhané

2 papriky, zbavené semínek a nakrájené

2 střední rajčata, nakrájená na kostičky

1 lžíce sušených rajčat, nakrájených

1 lžička mletého česneku

1/2 šálku veganské majonézy

1 lžíce limetkové šťávy

1/4 šálku bílého vinného octa

Mořská sůl a mletý černý pepř, podle chuti

Indikace

Hrášek zakryjte vodou 2 palce a přiveďte k mírnému varu. Vařte asi 15 minut.

Poté přiveďte oheň k varu asi 45 minut. Necháme úplně vychladnout.

Vložte hrášek s okem do salátové mísy. Přidejte ostatní ingredience a promíchejte, aby se dobře promíchaly. Dobrou chuť!

Avokádo plněné cizrnou

(Připraveno asi za 10 minut | 4 porce)

Na porci: Kalorie: 205; Tuk: 15,2g; Sacharidy: 16,8g; Bílkoviny: 4,1 g

přísad

- 2 avokáda, vypeckovaná a nakrájená na poloviny
- 1/2 citronu, čerstvě vymačkané
- 4 lžíce šalotky, nakrájené
- 1 stroužek česneku, nasekaný
- 1 střední rajče, nakrájené
- 1 paprika, zbavená semínek a nakrájená
- 1 červená chilli papričká, zbavená semínek a nakrájená
- 2 unce cizrny, vařená nebo scezená, okapaná
- Košer sůl a mletý černý pepř podle chuti

Indikace

Uspořádejte avokáda na servírovací talíř. Každé avokádo pokapeme citronovou šťávou.

V míse jemně promíchejte ostatní přísady na náplň, dokud se dobře nespojí.

Avokáda naplňte připravenou směsí a ihned podávejte. Dobrou chuť!

polévka z černých fazolí

(Připraveno asi za 1 hodinu a 50 minut | 4 porce)

Na porci: Kalorie: 505; Tuk: 11,6 g; Sacharidy: 80,3g; Bílkoviny: 23,2 g

přísad

2 šálky černých fazolí, přes noc namočené a scezené

1 snítka tymiánu

2 lžíce kokosového oleje

2 cibule, nakrájené

1 řapíkatý celer, nakrájený

1 mrkev, oloupaná a nakrájená

1 italská paprika, zbavená semínek a nakrájená

1 červená paprika, zbavená semínek a nakrájená

4 stroužky česneku, lisované nebo mleté

Mořská sůl a čerstvě mletý černý pepř podle chuti

1/2 lžičky mletého kmínu

1/4 lžičky mletého bobkového listu

1/4 lžičky mletého nového koření

1/2 lžičky sušené bazalky

4 šálky zeleninového vývaru

1/4 šálku čerstvého koriandru, nasekaného

2 unce tortilla chipsů

Indikace

V hrnci přiveďte k varu fazole a 6 šálků vody. Jakmile se vaří, přiveďte teplo k varu. Přidejte snítku tymiánu a vařte asi 1 hodinu a 30 minut, nebo dokud nezměknou.

Mezitím v hrnci se silným dnem rozehřejte olej na středně vysokou teplotu. V tuto chvíli opékejte cibuli, celer, mrkev a papriku asi 4 minuty do změknutí.

Poté česnek restujte asi 1 minutu nebo dokud nebude voňavý.

Směs restovanou přidejte k uvařeným fazolím. Poté přidejte sůl, černý pepř, kmín, mletý bobkový list, mleté nové koření, sušenou bazalku a zeleninový vývar.

Pokračujte ve vaření na mírném ohni za občasného míchání dalších 15 minut nebo do provaření.

Ozdobte čerstvým koriandrem a tortilla chipsy. Dobrou chuť!

Beluga čočkový salát s bylinkami

(Připraveno asi za 20 minut + rychlé zchlazení | 4 porce)

Na porci: Kalorie: 364; Tuky: 17 g; Sacharidy: 40,2g; Bílkoviny: 13,3 g

přísad

1 šálek červené čočky

3 šálky vody

1 šálek hroznových rajčat, rozpůlených

1 zelená paprika, zbavená semínek a nakrájená na kostičky

1 červená paprika, zbavená semínek a nakrájená na kostičky

1 červená chilli papričká, zbavená semínek a nakrájená na kostičky

1 okurka, nakrájená na plátky

4 lžíce šalotky, nakrájené

2 lžíce čerstvé petrželky, hrubě nasekané

2 lžíce čerstvého koriandru, hrubě nasekaného

2 lžíce čerstvé pažitky, nahrubo nasekané

2 lžíce čerstvé bazalky, hrubě nasekané

1/4 šálku olivového oleje

1/2 lžičky semínek kmínu

1/2 lžičky mletého zázvoru

1/2 lžičky mletého česneku

1 lžička agávového sirupu

2 lžíce čerstvé citronové šťávy

1 lžička citronové kůry

Mořská sůl a mletý černý pepř, podle chuti

2 unce černých oliv, vypeckovaných a rozpůlených

Indikace

Přidejte hnědou čočku a vodu do hrnce a přiveďte k varu na vysoké teplotě. Poté přiveďte teplo k varu a pokračujte ve vaření po dobu 20 minut nebo do změknutí.

Čočku dejte do salátové mísy.

Přidejte zeleninu a bylinky a promíchejte, aby se dobře spojily. V misce prošlehejte olej, kmín, zázvor, česnek, agávový sirup, citronovou šťávu, citronovou kůru, sůl a černý pepř.

Ozdobte salát, ozdobte olivami a podávejte při pokojové teplotě. Dobrou chuť!

Italský fazolový salát

(Připraveno asi za 1 hodinu + rychlé zchlazení | 4 porce)

Na porci: Kalorie: 495; Tuk: 21,1 g; Sacharidy: 58,4g; Bílkoviny: 22,1 g

přísad

3/4 libry cannellini fazolí, namočených přes noc a scezených

2 šálky růžičky květáku

1 červená cibule, nakrájená na tenké plátky

1 lžička mletého česneku

1/2 lžičky mletého zázvoru

1 paprička jalapeño, mletá

1 šálek cherry rajčat, nakrájených na čtvrtky

1/3 šálku extra panenského olivového oleje

1 lžíce limetkové šťávy

1 lžička dijonské hořčice

1/4 šálku bílého octa

2 stroužky česneku, vymačkané

1 lžička směsi italských bylinek

Kosher sůl a mletý černý pepř na dochucení

2 unce zelených oliv, zbavených pecek a nakrájených na plátky

Indikace

Namočené fazole zalijte čerstvou studenou vodou a přiveďte k varu. Vařte asi 10 minut. Přiveďte teplo k varu a pokračujte ve vaření po dobu 60 minut nebo do změknutí.

Mezitím růžičky květáku vařte asi 6 minut nebo dokud nezměknou.

Nechte fazole a květák úplně vychladnout; pak je přendejte do salátové mísy.

Přidejte ostatní ingredience a promíchejte, aby se dobře promíchaly. Ochutnejte a upravte koření.

Dobrou chuť!

Rajčata plněná bílými fazolemi

(Připraveno asi za 10 minut | 3 porce)

Na porci: Kalorie: 245; Tuk: 14,9 g; Sacharidy: 24,4g; Bílkoviny: 5,1 g

přísad

3 střední rajčata, nakrájejte z vrchu tenký plátek a odstraňte dužinu

1 mrkev, nastrouhaná

1 červená cibule, nakrájená

1 stroužek česneku, oloupaný

1/2 lžičky sušené bazalky

1/2 lžičky sušeného oregana

1 lžička sušeného rozmarýnu

3 lžíce olivového oleje

3 unce konzervovaných fazolí, scezených

3 unce sladkých kukuřičných zrn, rozmražených

1/2 šálku tortilla chipsů, nakrájených

Indikace

Rozložte rajčata na servírovací talíř.

V míse smícháme ostatní ingredience na náplň, dokud se vše dobře nepromíchá.

Naplňte avokáda a ihned podávejte. Dobrou chuť!

Zimní černooká hrachová polévka

(Připraveno asi za 1 hodinu a 5 minut | 5 porcí)

Na porci: Kalorie: 147; Tuk: 6 g; Sacharidy: 13,5g; Bílkoviny: 7,5 g

přísad

2 lžíce olivového oleje

1 nakrájená cibule

1 mrkev, nakrájená

1 pastinák, nasekaný

1 šálek fenyklových cibulí, nakrájených

2 stroužky česneku, nasekané

2 šálky sušeného hrášku, namočené přes noc

5 šálků zeleninového vývaru

Košer sůl a čerstvě mletý černý pepř na dochucení

Indikace

V holandské troubě rozehřejte olivový olej na středně vysokou teplotu. Jakmile jsou horké, smažte cibuli, mrkev, pastinák a fenykl po dobu 3 minut nebo do změknutí.

Přidejte česnek a pokračujte v restování po dobu 30 sekund nebo dokud nebude aromatická.

Přidejte hrášek, zeleninový vývar, sůl a černý pepř. Pokračujte ve vaření, částečně zakryté, další 1 hodinu nebo do vaření.

Dobrou chuť!

Masové kuličky z červených fazolí

(Připraveno asi za 15 minut | 4 porce)

Na porci: Kalorie: 318; Tuk: 15,1 g; Sacharidy: 36,5g; Bílkoviny: 10,9 g

přísad

12 uncí konzervovaných nebo vařených fazolí, scezených

1/3 šálku staromódního ovsa

1/4 šálku univerzální mouky

1 lžička prášku do pečiva

1 malá šalotka, nakrájená

2 stroužky česneku, nasekané

Mořská sůl a mletý černý pepř, podle chuti

1 lžička papriky

1/2 lžičky chilli prášek

1/2 lžičky mletého bobkového listu

1/2 lžičky mletého kmínu

1 chia vejce

4 lžíce olivového oleje

Indikace

Zelené fazolky dejte do misky a rozmačkejte je vidličkou.

Fazole, oves, mouku, droždí, šalotku, česnek, sůl, černý pepř, papriku, chilli prášek, mletý bobkový list, kmín a chia vejce dobře promíchejte. .

Ze směsi vytvarujte čtyři masové kuličky.

Dále zahřejte olivový olej na pánvi na mírném ohni. Masové kuličky opékejte asi 8 minut, jednou nebo dvakrát otočte.

Podávejte s oblíbenými ingrediencemi. Dobrou chuť!

Domácí hráškový burger

(Připraveno asi za 15 minut | 4 porce)

Na porci: Kalorie: 467; Tuk: 19,1 g; Sacharidy: 58,5g; Bílkoviny: 15,8 g

přísad

1 libra hrášku, zmrazeného a rozmraženého

1/2 hrnku cizrnové mouky

1/2 šálku běžné mouky

1/2 šálku strouhanky

1 lžička prášku do pečiva

2 lněná vejce

1 lžička papriky

1/2 lžičky sušené bazalky

1/2 lžičky sušeného oregana

Mořská sůl a mletý černý pepř, podle chuti

4 lžíce olivového oleje

4 housky na hamburgery

Indikace

V míse opatrně smíchejte hrášek, mouku, strouhanku, kvásek, lněná vejce, papriku, bazalku, oregano, sůl a černý pepř.

Ze směsi vytvarujte čtyři masové kuličky.

Dále zahřejte olivový olej na pánvi na mírném ohni. Masové kuličky opékejte asi 8 minut, jednou nebo dvakrát otočte.

Podávejte na hamburgerových buchtách a vychutnejte si jídlo!

Černé fazole a špenátový guláš

(Připraveno asi za 1 hodinu a 35 minut | 4 porce)

Na porci: Kalorie: 459; Tuk: 9,1 g; Sacharidy: 72 g; Bílkoviny: 25,4 g

přísad

2 šálky černých fazolí, přes noc namočené a scezené

2 lžíce olivového oleje

1 cibule, oloupaná, nakrájená na poloviny

1 paprička jalapeno, nakrájená na plátky

2 papriky, zbavené semínek a nakrájené na plátky

1 šálek žampionů, nakrájených na plátky

2 stroužky česneku, nasekané

2 šálky zeleninového vývaru

1 lžička papriky

Košer sůl a mletý černý pepř podle chuti

1 bobkový list

2 šálky špenátu, nakrájeného na kousky

Indikace

Namočené fazole zalijte čerstvou studenou vodou a přiveďte k varu. Vařte asi 10 minut. Přiveďte teplo k varu a pokračujte ve vaření po dobu 50–55 minut nebo do změknutí.

V hrnci se silným dnem rozehřejte na středním plameni olivový olej. Po rozehřátí opékejte cibuli a papriku asi 3 minuty.

Česnek a houby restujte asi 3 minuty nebo dokud houby nepustí tekutinu a česnek nezavoní.

Přidejte zeleninový vývar, papriku, sůl, černý pepř, bobkový list a uvařené fazole. Vařte na mírném ohni za občasného míchání asi 25 minut nebo do vaření.

Dále přidáme špenát a přikryté dusíme asi 5 minut. Dobrou chuť!

Limetková kokosová omáčka

(Připraveno asi za 10 minut | 7 porcí)

Na porci: Kalorie: 87; Tuk: 8,8 g; Sacharidy: 2,6g; Bílkoviny: 0,8 g

přísad

- 1 lžička kokosového oleje
- 1 velký stroužek česneku, nasekaný
- 1 lžička čerstvého zázvoru, mletého
- 1 šálek kokosového mléka
- 1 limetka, čerstvě vymačkaná a oloupaná
- Špetka himalájské kamenné soli

Indikace

V malém hrnci rozpusťte na středním plameni kokosový olej. Jakmile jsou horké, vařte česnek a zázvor asi 1 minutu nebo dokud nebudou aromatické.

Přiveďte teplo k varu a přidejte kokosové mléko, limetkovou šťávu, limetkovou kůru a sůl; pokračujte ve vaření na mírném ohni po dobu 1 minuty nebo do zahřátí.

Dobrou chuť!

Domácí Guacamole

(Připraveno asi za 10 minut | 7 porcí)

Na porci: Kalorie: 107; Tuk: 8,6 g; Sacharidy: 7,9 g; Bílkoviny: 1,6 g

přísad

2 avokáda, oloupaná, vypeckovaná

1 citron, vymačkaný

Mořská sůl a mletý černý pepř, podle chuti

1 malá cibule, nakrájená

2 lžíce nasekaného čerstvého koriandru

1 velké rajče, nakrájené na kostičky

Indikace

Avokádo spolu s ostatními ingrediencemi rozmačkejte v míse.

Nechte guacamole vychladit, dokud není připraveno k podávání. Dobrou chuť!

www.ingramcontent.com/pod-product-compliance
Lightning Source LLC
Chambersburg PA
CBHW071427080526
44587CB00014B/1767